I0088193

Colección particular
(Antología personal)

PIEDRA DE LA LOCURA
Colección

Collection
STONE OF MADNESS

Juan Carlos Olivas

COLECCIÓN PARTICULAR
(ANTOLOGÍA PERSONAL)

Nueva York Poetry Press®

Nueva York Poetry Press LLC
128 Madison Avenue, Oficina 2RS
New York, NY 10016, USA
Teléfono: +1(929)354-7778
nuevayork.poetrypress@gmail.com
www.nuevayorkpoetrypress.com

**Colección particular
(Antología personal)
© 2018 Juan Carlos Olivas**

© Prólogo: Magdalena Camargo Lemieszek
© Contratapa: Leopoldo Castilla

ISBN-13: 978-1-7320736-6-1
ISBN-10: 1-7320736-6-X

© Colección *Piedra de la locura*
Antologías personales
(Homenaje a Alejandra Pizarnik)

© Concepto de colección y edición:
Marisa Russo

© Diseño de colección y cubierta:
William Velásquez Vásquez

© Pintura de portada:
Maestro Jaime Vásquez
Composer in the subway (2015)
Acrílico en cavas, 71 x 55 in

© Fotografía:
Daniel Mordzinski

Olivas, Juan Carlos
Colección particular (Antología personal) /Juan Carlos Olivas; 1a edi-- New York: Nueva York
Poetry Press, 2018. 212p. 6x9 in.

1. Poesía costarricense. 2. Poesía centroamericana. 3. Literatura latinoamericana.

Todos los derechos reservados. Esta publicación no puede ser reproducida, ni en todo ni en parte, ni registrada en o transmitida por, un sistema de recuperación de información, en electroóptico, por fotocopia, o cualquier otro, sin el permiso previo por escrito de la editorial, excepto en casos de citación breve en reseñas críticas y otros usos no comerciales permitidos por la ley de derechos de autor. Para solicitar permiso, contacte a la editora.

Impreso en los Estados Unidos de América

Una metáfora capaz de salvar al mundo

Id como una plaga contra el aburrimiento del mundo.
EZRA POUND

Si poseí una virtud fue desangrarme
y darles mi savia a los lenguajes
que nadie hubo conocido.
JUAN CARLOS OLIVAS

La auténtica poesía permanece y resulta profundamente conmovedor tener el privilegio de atestiguarlo. Juan Carlos Olivas posee una voz capaz de alcanzar una relevancia fundamental en la literatura centroamericana y, dentro del escenario actual, figura entre los poetas destacados de las más recientes generaciones. Esta antología, *Colección particular*, nos conduce a percibir la solidez y meticulosidad en su arquitectura del lenguaje; además, permite reconocer tanto la cohesión como la coherencia formal de su trabajo poético en la justa medida de una sobresaliente e intensa trayectoria.

A lo largo los poemas de *Colección particular*, se anuda con firmeza el nervio de la belleza y el asombro. Es notable una sensibilidad capaz de advertir los más exquisitos o minúsculos detalles del entorno, trazando los mapas de una compleja cosmovisión que nos cautiva. Cuando la poesía se cultiva con este tipo de altura, es posible embargarse de aquel desasosiego individual que termina por tornarse colectivo, porque los grandes tópicos del hombre y del mundo son imperecederos e inmanentes. Es probable también, como presas en las garras de la imagen, extraviarnos en aquel horizonte que parece a veces una manifestación de las incertidumbres que se desprenden, cuenta a cuenta, de lo que hemos tratado de definir como existencia.

A propósito de la existencia, en la poesía de Juan Carlos somos. Somos acaso quienes ataron la luna en el jardín de los cerezos o aquel poeta que en medio de la fascinante angustia del delirio tuvo la osadía de retar a las piedras. Llegará luego a nosotros la fábula de las olas de un lago en Cadaqués, donde alguna vez los cisnes de Dalí incendiaron el agua con sus luces, o la brisa del Fuji que atraviesa, sin miedo, el ramaje de ese piélago de árboles llamado Aokigahara. Quizás algún día seremos capaces de repetir ese verso que recitaban los gladiadores antes de morir o, con una bala colocada en medio de los labios, contemplaremos la caótica voracidad del todo y sostendremos a dios en la palma de la mano.

Juan Carlos Olivas, con esta reunión de su trabajo poético, reitera cuán consciente está de la tradición que ha heredado. Lo sabemos porque en su país, Costa Rica, le han precedido grandes nombres que ocupan el sitial de lecturas imprescindibles de la poesía, como Eunice Odio; a quien justamente Juan Carlos le dedicó *La hija del agua*. También lo intuimos por las sutilísimas referencias a Homero, Ovidio, Petrarca, Goethe o Poe, entre otros, que nos plantean la valoración de los conceptos clásicos de la poesía traducidos a la contemporaneidad, y, evidentemente, por el homenaje al extraordinario poeta de la 'Generación perdida', Ezra Pound, con su poemario *El señor Pound*.

Es encomiable haber concebido la ambición de tomar dos pilares de la poesía como Eunice Odio y como Ezra Pound para levantar en torno a ellos otro universo poético y poetizar a través de su poesía. Pero aún más, haber logrado, indudablemente bajo el influjo de una labor acuciosa, un trabajo que conduce al lector hasta los dominios del estremecimiento.

Por otro lado, los poemas de *El año de la necesidad*, Premio Pilar Fernández Labrador, el libro de más reciente data en la antología, poseen un ritmo trepidante y esa tensión que luego dificulta volver la mirada al mundo y a la vida, porque de pronto todo se torna deslumbrante y todo duele, acaso, un poco más.

Robert Graves, en *La diosa blanca*, nos cuenta que A. E. Housman consideraba que la verdadera poesía debía ser digna de la siguiente frase de John Keats: «*Todo lo que me recuerda a ella me atraviesa como una lanza*». Siguiendo esta premisa, podemos afirmar que el trabajo de Juan Carlos Olivas posee las cualidades de esos poemas que, con alto vuelo y ejecución precisa, evocan el carácter primordial del arte e insuflan una suerte de arrobada fiebre o temblor.

En todo caso, *Colección particular* es sobre todo un homenaje a la palabra y a los prodigios que pueden labrarse mediante ella. La metáfora reina, codifica nuevas maneras de asumir la realidad, y su delicada musicalidad nos va guiando, nos ordena, nos conjura. Y entre todas las ventajas, entre todas ofrendas, quizás la más grande que nos hace el poeta, está la certeza de sentir que nos aguarda, en algún tiempo, en alguna parte, esa metáfora capaz de cambiar al mundo.

MAGDALENA CAMARGO LEMIESZEK
Aguadulce, Panamá
2 de junio de 2018

De *Los seres desterrados*.
URUK Editores (2014)

AUTORRETRATO

Esto que soy es lo que pasa
cuando arrastras los años, miras atrás,
escrutas un poco en las entrañas
y remueves del polvo viejas fotografías,
el enconado beso que olvidaste,
la semblanza de un padre y una madre,
tus sombras atrapadas en alcohol,
humo de cigarro, discotecas,
música que acaso entendiste,
por primera vez expulsado de la escuela,
mordido por los perros,
alabado por la abuela
que preparó día tras día el inmerecido desayuno.

Esto que ves son las carreras en bicicleta,
los raspones, las caídas,
las piedras que guardaste en los bolsillos
para herir los cristales del vecino,
son las tardes de calor y lluvia,
vencido por el pecado de la fornicación,
revolcado con arcángeles insomnes.
Son las respuestas a esas preguntas
que jamás te hicieron,
es tu padre yéndose muy lejos,
tu madre combatiendo los fantasmas de tus noches,
el hambre por leer la ausencia de este mundo

cavilando en parques de ceniza,
desempleado en los soportales del olvido,
asalariado y hablando en lenguas,
poeta empedernido y terminal.

Esto que ves es lo que pasa
cuando la aguja atraviesa tu piel varias veces
y recientes el día que se acaba,
el otro que comienza
y no sabes si habrá mañana,
si todo va a ser consumado por un fuego divino
o saldrás a la calle a esperar
un carnaval que no es el tuyo.

Esto es lo que pasa
cuando negaste la mano de un amigo
y rodaste por las escaleras del colegio,
cuando al fin fuiste alguien casi respetable
y procreaste hijos
que siguieron tus pasos sin quererlo,
fueron niños y besaron,
bebieron y sufrieron
las mismas raudas orfandades,
darle cuerda a la vida por inercia,
sentir absolutamente nada
salvo el vacío inefable,
pensar en Dios quizás
y darte fuerza.

Esto es lo que pasa
cuando eso que llamas vida
te repta por los ojos
         y cansado,
ya solo tienes esa ciega certidumbre
    de contemplar las cosas,
            sin tocarlas,
como si fueran nuevas.

INFANCIA

El niño que con todas sus fuerzas
trata de sacudir el árbol de cas
en el patio de su casa,
es el mismo que ahora
-a escondidas de sus padres-
destruye las fotografías de sus antepasados.
Los años erosionan
lo que en su soledad construye.
Pero quizás el tiempo un día se canse
de introducir frutos erróneos en su cesto de mimbre,
y sus manos, sus pies, también se cansen.
Posiblemente hoy, el mismo niño
haya escalado el árbol que la muerte sacude
en el patio siempre a oscuras de su infancia.

Juan Carlos Olivas

MONTPARNASSE

Sé que no me enterrarán
en Montparnasse cuando me muera.
No habrá mausoleos
ni la Sinfónica tocará
a la salida de la Catedral
el Duelo de la Patria.

A mi entierro vendrán tan solo
tres o cuatro personas,
dependiendo de mis deudas.

No me clavarán una estaca en el pecho
después de medianoche,
ni beberán de un solo trago
mi corazón hecho cenizas.

La lluvia no será la lluvia de París
sino la de un trópico
donde habitan zancudos y fantasmas.

Ninguna bruja reirá
escondida entre los árboles
cuando me echen al foso,
ni tampoco revelarán los ángeles
su pasión de necrofilia.

Mi epitafio será siempre el incorrecto,
el que una y otra vez deshice
entre mis borradores,
aquellos cuadernos llenos de palabras
que no en vano me vieron morir,
quizás un poco más, hoy,
al filo de tus ojos.

Juan Carlos Olivas

SYLVIA PLATH

Cuando pasés por las calles de Boston
recordá a aquella mujer
cuyas manos sufrían de piromanía,
a la bruja que escuchaba Beethoven
mientras fumaba su último cigarrillo
a la sombra de la buhardilla.

Llevale flores, muchísimo silencio
y tus nuevos poemas hechos pedazos
en un cesto de bambú.
Decile que todo está bien,
que los niños se levantaron
aquella tarde después de la siesta
y mojaron las galletas con la leche;
que el esposo no llegó tarde
y aún la recuerda
en el fondo de un vaso de Gin-tonic.
Mentile acerca de los analistas,
de los falsos profetas de la desilusión,
los soldados romanos
que se repartieron sus poemas
en un juego de azar
a las puertas de las editoriales.

Llevale por favor
ya sea todo o nada

de lo que pueda resultarle necesario,
y asentí de vez en cuando
con tu cabeza,
las manos en los bolsillos
sin mirar a otra parte.

No le dejés salir
aunque así te lo pida,
lavá con ron sus epitafios
y jurale que mañana volverás
a dejarle dos monedas de plata
sobre el mármol.

LOS CISNES DE CADAQUÉS

Cuando murieron los cisnes de Cadaqués,
Dalí bajó deprisa al lago
y levantó los blancos cadáveres,
los desplumó, sopló sobre sus picos
y construyó de nuevo a los cisnes.

Pero estos nuevos especímenes,
a diferencia de los otros,
tenían sobre sus lomos
pequeñas bombillas eléctricas
que Dalí encendía
para verlos nadar
en las noches de luna muerta.

Cuando Dalí recibía visitas
no había mejor manera
de cerrar una velada
que ir a ver a los cisnes
que picoteaban
    sus propias estrellas
                bajo el agua.

Pero un buen día
Dalí empinó sus bigotes
y decidió largarse.

Los cisnes lo esperaron
miles de noches
hasta que el lago fue cubierto
por las aguas de la resignación.

Los cisnes finalmente
se ahogaron en lo oscuro,
se confinaron al lecho
donde ahora se pudren
entre la maleza, humo líquido
y otras especies olvidadas.

¿Qué quieren que les diga?
Con el tiempo Dalí también murió,
embalsamaron sus bigotes
para que ellos nos cuenten su historia
al fondo de su tumba
y ahora sí, niños y niñas,
dicen que ya es muy difícil ver
bajo estas frías noches de luna muerta
a aquel loco pintor
y a los cisnes que encendían
            por completo
                  el lago de Cadaqués.

TEMPESTAD

Así fue
como bebimos la tempestad.
Uno al frente del otro,
sin parpadear,
como temiendo derramarnos.

De *El señor Pound*.
Editorial Universidad Estatal a Distancia (2015).

Premio Internacional de Poesía Rubén Darío 2013.

I

Harto de no poder alcanzarla,
tomó la primera piedra del patio
y la lanzó –según él– hacia la nube roja.
Mientras iba en el aire
comenzó a encenderse, después fue colibrí
y descendió hasta quebrarse
en los techos vecinos.

La madrugada salía del capullo
y estiraba sus alas de mosca.
El señor Pound no hizo otra cosa más que tenderse
y dar bofetadas a la tierra;
deshilachar el césped igual que lo haría un búfalo.

Por momentos parece sollozar algo intangible,
algo así como la consumación,
el chasquido de un encendedor,
la chispa que reluce aún en la oscuridad
y cae de sus manos y se mira,
mientras clava las pestañas
en ese hilo azul de gasolina
que por algún azar no enciende,
y todo es lo mismo –piensa–,
e imagina su cuerpo
hecho una llama multiforme.
Y entonces mueve sus brazos

como los aeroplanos que pasan
más arriba de la nube roja;
los envidia,
los manda al carajo con usura,
arranca la punta de sus dedos con los dientes
y en la pared escribe:
los aviones se van todos al destierro
y mi mente es un ala de avión
que veo de pronto en llamas.

Es ahí mismo donde desea salir,
pero se da cuenta de que no tiene paracaídas.
Trata de buscar en los compartimentos,
se fija por las ventanas
y todo va perdiendo altura,
y de las gavetas aparecen cosas
como pedazos de mujeres, libros,
postales religiosas, trámites de divorcios,
bicicletas, vidrios rotos,
papeles con los números de una caja fuerte,
anteojos, lencería, artefactos,
y nada por Dios del maldito paracaídas,
y el ruido es intenso, el aire gris,
gris pero no rojo.

Esta no es mi nube –piensa–,
y trata de ingresar a la cabina
pero todo es en vano,
y vuelve el señor Pound a sus cabales

pues alguien en el patio
pronuncia su nombre.

Está en el suelo,
lleno de tierra y pasto,
se saca la maleza de la boca
y llegan dos hombres a llevárselo;
lo tiran de hombros,
echa su cabeza hacia atrás,
lo arrastran y observa esa nube roja
que cae en la simpleza obsesiva de las piedras.
Malditas piedras —les dice Pound a la distancia—,
creen que por quietas tienen su lugar asegurado.
Mañana vendré y las moveré de su lugar.

Y desde ese día
el señor Pound,
bajo la nube roja de testigo,
prometió a sí mismo
convertirse en piedra.

VIII

Porque la juventud no duró para siempre,
el señor Pound inventa en su cabeza
esas gaviotas que en el aire se alejan.
Trata de recordar acaso un verso de Petrarca
o de Horacio, de Homero o de Virgilio,
y mientras golpea un soportal del balcón dice:
Amanece, y la flor de la juventud
se dirige a las puertas.
Sin embargo, siente en sus ojos el eterno presente
y alguna vaguedad estruja con sorna sus manos.
La cruz del amor propio
lágrima a lágrima
constituye para sí el viacrucis.
La juventud, cumplidos sus prodigios,
es como ese Dios que un día se fue
como gaviota en el aire,
y prometió volver
a aquel que un día la hubo conocido.

IX

En el sanatorio se lo habían dejado muy claro:
Si el cielo existe, es un nido de cuervos.
Do you want another blanket, Mr. Pound?
It's getting pretty cold in here…
El Señor Pound se ciñe al cuerpo la sábana blanca
a manera de toga,
y con el brazo extendido concluye que:

      Nietzsche aprendió la dialéctica de los caballos.

      Hitler era un pintor frustrado.

      Mahoma perdió su anillo de oro en una apuesta con
ladrones persas.

      Jesucristo consideraba que la niñez era la única
alabanza posible.

      Cuando un borracho baila destruye la torre de Babel.
Los pacientes todos aplaudían
como seres mitológicos
y después retornaban a sus cavernas interiores.
El termómetro marcaba 3 grados bajo cero
en el cielo de Washington,
Do you want another blanket, Mr. Pound?
Y por él contestaba un cuervo en la nieve.

XI

Esta noche
pelearé contra los reflectores de la carretera.
Digo mi historia como un misal de escombros
donde las aves marinas se alimentan;
sin embargo, nada poseo y nada me posee.

Hablo con fantasmas
que el viento engulle junto al camino;
me han contado de alguna tempestad,
de la desesperanza que late
al igual que esas burbujas de sangre
sobre los campos de Rapallo,
me han dicho sus nombres y cuán bellos eran,
y cómo dolió partir
sin el ósculo de los antiguos dioses.

Estoy seguro de que el mundo se hizo aquí, junto al camino,
antes de que el dolor embalsamara su mineral de infierno.

Estoy seguro de que esto es lo único existente
y en dos valijas cabe todo lo que debo llevar,
pues al igual que el sueño de esos dioses
que nadie nunca pudo conocer
no tengo más casa que el polvo junto al camino.

XII

El sonido de un remo en el agua
perdona la agonía de la tarde.
Las callejas, los conventos,
visten el oro oxidado de los próximos días.

No son hombres sino sus almas las que pasan,
una encima de otra sin golpearse.
Aún parecen ellos meandros secos
arrastrados por un vendaval que desemboca
en otros tiempos, otras catedrales y otras caras.

El remo se hunde en el agua
hasta perderse en su propio sonido.

El agua se convierte de pronto en labio extenso
y te ahogas, tratas de salvarte,
descienden tus manos a un abismo de sal
y no me tocas.
Después sólo hay espuma de silencio.

Miro tus manos como un remo desnudo
que se asfixia y todo es bello,
las callejas, los conventos,
los hombres que ignoran que están muertos,
la luz siempre vacía que estalla sobre el agua.

XVIII

Alguien me ha hablado del vacío,
del miedo de meter la mano desnuda
en el nido de la serpiente y sentir una caricia,
mortal como el recuerdo.

Imagino la vida como un ciego en sus cámaras,
el momento de quedarse dormido y despertar
para seguir viendo lo mismo,
el vacío como una mano en el pecho que se ahonda.

Cuando éramos pequeños nos decían
que el vacío era un gladiador
que se balanceaba en la brisa.
Mucho después nos vimos en la arena
y no teníamos una espada de fuego en las manos.

El infinito se proyectaba
al igual que un disparo en la cabeza.

Alguien me ha dicho
que del tiempo y del vacío
sólo ha quedado el último.

Las serpientes atraviesan la arena
y la memoria, ciega, permanece.

XXVI

Todos tuvimos un barco de papel bajo el pecho.
Todos quisimos ser polizontes
o tocar algún violín desafinado.
Las cosas lejanas parecían entonces
la única bandera
que alguien se rehusaría a quemar.

Aquello que al amor se le adjudica
no tuvo ningún valor mayor que el infinito.
Lo sabían esos, los locos que esperaron
la noble brisa del mar
en un estanque lleno de monedas perdidas.

Al igual que los otros
yo también robé un periódico
para fabricar mi barco.
La mayoría de la flota fue derribada
por el guardián feroz del agua.

Después alguien nos llamó
uno a uno a nuestras casas,
y olvidamos el arte de construir barcos inútiles.

Hoy he soñado desde una casa ajena
con la brisa del mar,
vi nuevamente aquel estanque.

Mi barco de papel permanecía herrumbrado,
como un trozo de calma bajo el agua salvaje.

XXXV

Francesca,
yo seguiré indignándome
en sitios ordinarios
cuando escuche decir tu nombre.
Más ya nada diré –salvo en el pensamiento-
que fuiste mía,
cuando la noche era un niño muerto en tus manos,
y azul la hierba a la orilla de un río
recibía con delicadeza aún tu cuerpo exánime.

XXXVI

Doce años divagué en los nosocomios.
Doce círculos bajé hasta mi letargo.
Estaban vacías las doce fosas
que aguardaban mi tormento.
Había olvidado casi
el fulgor de las estrellas,
el mismo silencio que Confucio presentía
en todos los caminos,
el sabor del cerezo
de las regiones frías.

Pero hasta aquí he dado con mi rostro
y la paz ha envejecido tan humana
que siento piedad por ambos;
tarde llega la paz
para quien ha fracasado.

La naturaleza me inclina
en su serenidad de párvulo;
contemplo la moneda que giró pretensiosa
a la mitad del camino de nuestra vida
y la cara equivocada en el suelo.

El viejo amor que siento roto
es aquel rayo que ya ardió
en alguna parte.

Tarde llegué también a la duda,
al lecho de quien bebe la cicuta
frente a sus seres amados
y ante la ley sucumbe.

Mi mayor pecado fue tener la certeza
de que algo sabía.

Si poseí una virtud fue desangrarme
y darle mi savia a los lenguajes
que nadie hubo conocido.
Pero ya ves, soy igual a todos,
me sumerjo en la necesidad
de un cuerpo en las mañanas,
me influye la belleza de la arquitectura antigua
y todo esto es vano ahora.

El piafar de la luna me ensordece.

Todos los versos que escribí
son igual a esas gotas de rocío
que al amanecer cubren las hojas del árbol
y cuando pasa el sol se difuminan.

De *El Manuscrito.*
Editorial Costa Rica (2016).

Premio Nacional de Poesía Eunice Odio 2016

SUITE PARA GAITA E INSOMNIO

Despierto ante el sonido
de las gaitas en medio de la noche.

Descorro las cortinas
y echo un vistazo a la calle
en busca de los músicos.
Nadie.

La niebla cubre los techos
y los barrotes de las casas
con su aparente fuego blanco.

Mi vecino pasea
a su perro de tres cabezas
y regresa a las puertas del Hades
con algo de nostalgia.

Cuando los miro,
los objetos de mi casa
se convierten en depredadores incesantes,
en ángeles menores y carnívoros.

El silencio es una ola agreste
que golpea contra el muro
y da significado a las cosas que perdí.

Sobre el ventanal empañado
mi terco fantasma
se levanta y escribe:
Soy el superviviente
de un lugar llamado Nada,
donde alguien que no puedo ver
se multiplica
y me despierta con el sonido de gaitas
en medio de la noche.

OFICIOS

No me importa:
He aquí que soy poeta
y mi oficio es arder.
EFRAÍN BARTOLOMÉ

Amo muy pocas cosas.
Las mañanas soleadas me deprimen.
Considero que la luz de la tarde
es una rata que ensucia
los libros de mi biblioteca.
La noche
es una cruz que sangra
en mi vaso de vino.
Puedo vivir muchos años
sin aquello que creo imprescindible:
una estufa y un gato,
el moho de las cartas que no leo,
un equipaje a medio hacer
que empieza en mi boca
y se extiende por la madrugada.
Tan pronto como mueren
así nacen los días,
pero nosotros claudicamos:
aquí, las palabras pesan porque existen
y su oficio
es hacernos arder.

AOKIGAHARA

Conocido como "Mar de árboles", es un bosque
ubicado al noroeste de la base del Monte Fuji, Japón.
El bosque tiene una asociación histórica
con los demonios de la mitología japonesa
y es el lugar en el que más gente se ha suicidado en Japón.

Bordados como niebla en el follaje
entran al corazón del bosque
con la piel sudando exotismo.
Son visibles dentro de la tripulación
de quien lo pierde todo
frente a una fotografía
en la que nadie ríe.

Yo no conocía aún la historia de ese bosque
al que llaman Aokigahara,
nunca supe descifrar lo que decían sus letreros,
qué mensaje falaz, bajo la muerte instantánea,
se recogía como un fruto del silencio.

Nunca supe hacia qué dirección
miraban las cuencas de los cuerpos abandonados,
qué ociosa llama se erguiría
con cientos y cientos de zapatos,
qué hora marcaría el reloj
en el brazo verduzco y seco
del hombre que permanece de pie

esperando algo.

Lo que dicen los letreros
ya carece de importancia.
En las afueras del bosque hay un parqueo
donde yacen también cientos de automóviles,
y en verano se da inicio
a la recolección anual de muertos
y la comitiva se adentra en el bosque
en un ritual de sordos.
Recogen cuerdas, restos de papel
que ya ha inmolado el viento,
buscan un nombre entre las pertenencias
para no hacer del olvido una película muda,
consumar las intenciones
de quien bebió la clorofila de los sueños.

Nunca conocí el frío en la luz de la ausencia,
ni supe respirar el polvo de la lluvia,
pero muy pronto entendería
que los hombres felices son extraños,
hacen piruetas en la báscula del tiempo,
pero ésta no se mueve,
y en la oscuridad –que es otro espejo–
somos pesados como reses.

Ahora los cuerpos
son arañas marchitas
que penden en la pantalla del ordenador,

y desde el otro lado del mundo
extienden hacia mí una soga invisible,
y halan y halan
desterrándose a sí mismos
en el Aokigahara,
enmarañados como niebla en el follaje.

APROXIMACIONES

Cruzo todas las mañanas
por la calle contigua al Cementerio General,
en medio de prisas, citas médicas,
papeles que debo llenar y que postergo
para ralentizar mi juventud.

Cuando el semáforo se posa en rojo
a la derecha del cementerio es posible observar
a un hombre entrado en años,
que llega a visitar todos los días
la tumba de su madre.

Durante los veinte segundos
que tarda el semáforo en pasarse a verde
la vida es congelada y atrapada
en ese cuadro que observo con rareza.

Una vez me atreví a hablar con aquel hombre,
le dije cosas vanas, le mostré mi sudario de tristezas,
le hablé de Dios y la esperanza,
del reencuentro que a los vivos y a los muertos
nos espera en un lugar del cosmos.

El viejo asintió con su cabeza,
y respondió frases cortas.
Supongo que como yo,

también supo que mentía.

Al día siguiente lo vi en el mismo lugar.

Al principio esa imagen me agobió en su locura
durante semanas,
hasta que perdí interés
en aquél hombre,
        el cementerio,
                su madre
                        y el semáforo,
como si al final de todo
el dolor del mundo
ya fuera parte del paisaje
y nosotros en él.

CONTRA LOS POEMAS DE AMOR

Matamos lo que amamos,
lo demás no ha estado vivo nunca.
ROSARIO CASTELLANOS

Será mejor así, amor, que no te ame,
junto a esta jaula adherida al pensamiento.
Que te deje sola en el último minuto
donde los náufragos se inmortalizan
aferrados a su trozo de madera.

Será mejor negarte, ser insumiso,
quebrar los vasos frágiles del llanto
bajo el silencio de lo perdido,
tomar entre las manos la hermosura
y apretarla hasta que sangre.

Sólo lo que no está nos pertenece.
El vacío es a la vida
lo que al amor la combustión.
Es necesario que todo esté en llamas.
La eternidad es una perra enferma
que se duerme entre los gritos del mercado.

Será mejor así, amor, que no te ame,
para dejarte intacta una vez más,
en la pureza de las cosas
que no han estado vivas nunca.

VARIACIONES DE UN POETA RECIÉN CASADO

Justo cuando el poeta
cree tener una respuesta,
y ha escrito en metáforas deslumbrantes
lo que otros no pudieron,
aparece una mujer frente a la puerta del salón
                                    y lo interrumpe.

Le dice que hay que pagar cuentas,
que la luz y el agua no dan abasto,
que el kilo de la cebolla y de las papas
                            es algo inaguantable,
que al niño le pidieron un disfraz
para la feria de la escuela
y cuotas para fiestas de fin de año.

Todo esto pasa amigos,
ante la mirada atónita
del público que espera.

El poeta entonces,
que estaba a punto de decir
la metáfora que salvaría al mundo,
toma sus papeles y libros de la mesa,
los pone en su viejo maletín,
se disculpa con el público que escucha,
y sale de la mano de esa mujer
                            hacia la vida.

LICHT, MEHR LICHT

Claridad sedienta de una forma.
CLAUDIO RODRÍGUEZ

Paso la página de los años roídos
y pienso en las últimas palabras de Goethe:
Luz, más luz...
Quizás porque es lo primero
que en su sitio permanece,
o es un don en la palestra del silencio,
o una presea que se llena de polvo
hasta que unas manos la cubren
con la humedad que viene de la noche.

Morir también es una cualidad de la luz,
plantarnos su heredad en el vacío
para crecer en falanges
y ritos donde la sombra existe.

Los días y las horas se reinventan,
caen hacia el cenit y todo es riesgo:
nos cubre la edad de la ceguera
y cuando no existe, la luz hay que nacerla.

Así baja el siervo de la montaña a beber la luz,
así tienen los muertos su fábula de luz,
así se quiebra el mundo en dos mitades

y su centro es una orgía de luz,
así se llena el pájaro de luz, como una jaula.

Goethe lo sabía al momento de morir,
yo lo sé ahora
que la luz juega a vencerme, más y más,
desde la claridad sedienta de sus formas.

CUADRO DE INVIERNO

Sentados a la orilla
del arroyo congelado
la niña, con seria expresión pregunta:
¿Y qué era entonces, dime, la belleza?

El niño que la mira reconoce en sus ojos
la mirada del coyote
que lleva entre sus dientes
a la liebre ensangrentada.

El silencio, a oscuras, crece.

La niña se cansa
de no encontrar respuesta
y se va sola por el bosque
en el cual
      de pronto
           ha empezado a nevar.

FRAY JUAN DE DIOS

Entre sus hermanos era conocido
como Fray Juan de Dios.
Vino de una tierra lejana,
no sé si Nicaragua o Guatemala
y llevaba consigo
el signo de la búsqueda en los labios.

Después de una crisis existencial
entró a la Orden de los Hermanos Menores Capuchinos
y ayudó a oficiar la misa de los desesperados.

De vez en cuando tocaba una guitarra
y tallaba en madera hermosos pájaros de hielo.

Un día sus ojos se estrellaron
contra la secretaria del convento
y su alma se prendió
a ella sin remedio.

En un sueño, San Francisco de Asís
le ordenó dejar los hábitos
y ser feliz en la plenitud
de la carne transitoria.

Ambos así se despidieron de todos
y los frailes lloraron
entre campanarios de ternura.

Hoy su misión es más grande:
combatir con sus cuerpos inconclusos
el gran frío de la tierra.

TRAGEDIA EN SEIS ACTOS

I

En el jeans
unas gotas de barro y semen
jamás podrán contarle al mundo
que ya no es un boy scout,
ni defensor de ideales,
ni hacedor de parábolas de humo,
ni mucho menos un pequeño burgués
que vuelve su cara agónica hacia el cielo
y la baja tan solo
para escribir un verso.

II

(Versión libre de La entrevista con el Vampiro)
- Y contame ¿Te gusta la poesía trascendentalista?
- Claro, cómo no.
- (Con cara de indignación) ¿En serio?
- (Enseñando sus dientes) Emerson y Whitman me parecen
fabulosos.
- (Terror, pánico, gritos indecibles)
- Lo de siempre, lo de siempre. (Susurra para sí mismo el
Vampiro)

III

Me invitaron
a ver una obra llamada "El Beso"
donde dos artistas
se ahogan en un propio vómito
antes de concluir su obra maestra.
Yo sólo sé reír o llorar,
y aunque no es mucho,
tal es la variante de mi beso.

IV

Minerva no sabía muchas cosas
pero un buen día,
en su camastro de pobre,
me enseñó lo que era la inmortalidad.
Ella ya no está,
pero recuerdo de manera tenue
la luz de las velas,
aquellos labios secos
penetrados por mi falo,
aquel calor mediocre de los cuerpos
donde la muerte guareció
su fina lluvia.

V

En la hora de receso,
el Príncipe de Aquitania,
Hamlet y Calíguala
beben cerveza cruda
y comen sándwiches
a la sombra de un abedul
donde cantan los pájaros.

VI

El cadáver de un lector
pasa a la deriva
por el río amarillento
de una página.

VARIACIONES DE LA MISMA LUNA

1

Se le atribuye
el movimiento de las mareas,
el tiempo idóneo
para iniciar la siembra,
el sacrificio para apaciguar
los ojos de un dragón.
Se le atribuye el blues,
el estado de ánimo,
el toque de queda,
los versos de Ovidio
y este río de sombra.
Yo le atribuyo algo más:
la mujer que se escapó de mis ojos
y guardó la luna en un pañuelo
hasta el fin de sus días.

2

Vaya que eran suertudos
esos poetas chinos.
Domesticaron la luna
y la tenían pastando
en sus jardines de cerezos.

La sacudían como a un árbol
para que sus mujeres
se pintaran la cara
antes de salir al mercado.

Cuando algo les dolía
preparaban una infusión
de hoja de luna
y se ponían a aullar
tocando el shamisen.

Cuentan que Li Tai Po
la vio desnuda
y que esa noche
bebió licor de arroz
en el ombligo de la luna.

Hemos tratado de traducir
lo que dijeron los poetas chinos
acerca de la luna
pero las páginas vacías
se niegan a escribirse.

La luna sigue atada, allá,
en el jardín de los cerezos.

3

Durante la Inquisición
los Druidas fueron condenados
por adorar la luna,
en un día que llamaron
el *Día de la Luna*,
Moon-Day, equivalente a lunes
si lo traduces del Inglés *Monday*.

Sus cuerpos ardieron en la pira.
¿Será por eso
que nos cuesta levantarnos los lunes?
¿Y qué oscura relación
tienen nuestros ritos con los Druidas
al inicio de semana?
¿Y si la Inquisición se fue,
cómo arderán entonces nuestros cuerpos
bajo esta misma luna?

4

Cuando discutían entre sí,
Bonnie y Clyde
le disparaban a la luna.

El no verla caer era un milagro.
Entonces dejaban

sus armas tendidas en la yerba.

Volvíanse los dos,
por un instante,
marionetas
             desnudas
                    de la luna.

5

Lo supieron los amantes de Pompeya
antes de ser petrificados:
La luna es eso que cabe
entre una boca y otra boca.

6

Todas las noches
los amantes de Teruel
se escapaban por las llanuras
y recuperaban los sueños
que otros no vivieron.
Parecían licántropos
despedazando la luna.

7

Los grillos hablan
el lenguaje de la luna.

8

Todas las barcas se estrellan
en la sangre de la luna.

9

Los grandes poetas son lunáticos,
los malos poetas también.

10

No estamos en la oscuridad:
la luna nos guía.

Ella es una galleta revolucionaria
que se le da al caído en el pantano,
es un confite de cianuro
que rompe las tripas
de quien apaga la luz.

Incluso cuando no está presente
está ahí arriba,
repartiéndose en millones de pedazos
que vagan por el universo;
pero no por mucho tiempo hay desunión,
cuando va integrándose de nuevo
toma la forma de un cuerno sagrado,
sus puntas son filosas y pueden degollarte,
otras veces reclama más pedazos
y su filo sirve para cortar la piel
de los animales salvajes,
darnos comida y abrigo,
camuflarnos en las raíces de los árboles.

Cuando finalmente todos los pedazos se reúnen
su brillo es infalible, hace visible
la cara del enemigo en la tierra
y la flecha da en el punto exacto
donde converge la intuición de sus sentidos;
es una calavera acariciable
que te sale al encuentro en todas partes
y la noche en el que el cielo se nubla
tenemos en los ojos
su sangre iracunda.

Este es nuestro linaje,
nuestra casa en la parentela lunar,
el pueblo al que habremos de volver
cuando pretenden pintarnos de vacío.

No estamos en la oscuridad:
mira a tu alrededor,
nos han dado la luna.

De *En honor del delirio*.
El Ángel Editor. Quito (2017).

Premio Internacional de Poesía Paralelo Cero 2017

LEPRA DEL ALMA

Eran los tiempos de la lepra del alma.

En mi rostro caían las burlas de los héroes.
El sol se disecaba lentamente
como un insecto en los alfileres de disección.

Tenía frío, o algo parecido al frío
me inundaba en las oraciones de la tarde
cuando sonaban trompetas momentáneas
desde el atalaya de una ciudad inexistente.

Las doncellas pasaban a mi lado
como sauces vacíos, volvían sus caras y tosían,
y exhalaban palabras en el instante de su desfloración.

Empezaba a recordar el cielo como un grito.
Masticaba con mi boca de niebla
la última raíz del paraíso.
Estaba solo
y entonces me dije
que esto era una alucinación:
en mis manos, los ángeles y los demonios
leían poesía postmoderna,
la mantis religiosa llevaba el rostro
de San Juan de la Cruz,
una mujer blandía el nombre de Helena

grabado en su frente
y fornicaba con los caballos de la ausencia;
sus senos comenzaban a llover
y el agua silente me dolía.
Traté de refugiarme en los escombros
y los hijos del cielo me dijeron: vete de aquí,
no eres más que una sanguijuela,
un personaje de El Bosco
que se escapó del jardín de las delicias.

Así entonces se me escurría más la lepra
y grité: si en 24 horas no viene nadie a salvarme
daré mi cuerpo a las aves de rapiña,
si en 24 horas no desciende un carruaje de los cielos
mi boca será el Purgatorio del espíritu,
si en 24 horas no se publican mis libros
llenaré mi corazón de cardos
y haré pasar por él los ojos desnudos de mis editores,
si en 24 horas no me vuelve la fe
diré los secretos más vergonzosos de Dios,
si en 24 horas mi piel no vuelve a ser la de un niño
envenenaré el agua del recuerdo
y la daré a los pobres,
si en 24 horas no vuelvo a ser aquel
que reinó sin un trono en el milagro del alba
obligaré a la esperanza a leer en voz alta
los titulares de los periódicos.

Todo esto iba pensando

mientras mi carne hedía
y de pronto
tuve un recuerdo del errante paraíso,
cayó a mis manos el cadáver de una mariposa
y la lepra empezó a desaparecer
para darle paso a la nostalgia.

Había terminado la alucinación
y al día siguiente
mi mano limpia
apagaba el reloj despertador,
el sol
era un hermoso insecto
         en las cortinas.

Variaciones de un tema de William Blake

Pity would be no more
if we don't make somebody poor.
William Blake

Si bien es cierto, la piedad no sería
si no hacemos a alguien miserable,
tampoco la maldad está exenta de dicha.

O ¿cómo explicar el placer
que siente el niño
ante la piedra arrojada al pájaro,
o al contemplar su plato de leche
con hormigas naufragando
hacia sus costas,
o ya de viejo
cómo poder explicar esa obsesión
de ser uno con la noche y defenderla?

El tiempo perdura
como un gusano vivo en el anzuelo,
y el pez, tarde o temprano,
navegará las ociosas aguas del hambre.

La maldad es otro tipo de inocencia;
pero cómo responde al mar
la voz del muerto,

cómo se extiende al sol
la entraña impúdica,
cómo hay belleza en lo que vale una vida
que sólo vio la luz en la miseria,
qué suaves son al tacto
las puertas de la oscuridad.

CRÓNICA EN VILO

Solamente los muertos reconocen el reverso de las piedras.
OLGA OROZCO

Primero olvidaré mi nombre.
Luego las gazas que se acumulan
en el vaho de esta noche.
Después reiré ante los objetos
que llegan al acecho
como verdugos entre las comarcas.
Repasaré los viejos manuscritos de la desesperanza
y pensaré en la erosión de los días perdidos,
el azogue del látigo en las míticas batallas.
Diré en voz alta el verso
que los gladiadores decían antes de morir
y dejaré en la arena un símbolo
que escribiré con la punta de mi lanza.
Iré retrocediendo entre las sombras
como un antiguo sueño atado al porvenir,
ya no escucharé gritar la muchedumbre,
sus rosas volar desde la gradería
ni a la mosca que llega a posarse
sobre mi sangre seca.
Pido perdón a los que vienen conmigo,
perdón también a aquellos a los que no pude seguir.
Solamente los muertos conocen el reverso de las piedras
y solo esta piedra reconoce mi nombre.

PRESENCIA DEL PAN

Porque viene de lo eterno
y no soy asesino
me rehúso a partir el pan
        con un cuchillo.

Quiero que mis dedos penetren
la esencia del trigo,
la fábula de un amanecer
bajo la harina,
y sopesar el olor
de los hornos fragantes,
las migajas que caen
        por el suelo
como flores famélicas.

Quiero sentir la tibieza
de la masa cocida
mientras cierro los ojos
y desde el paladar comulgo
por el niño que me mira
        en la ventana,
por el anciano cuyo bastón
es un pan de dureza y días largos,
por la mujer que huele a pan
cuando sale a la noche
a repartir el sustento de los solitarios.

Me uno a los artífices de la desesperación
mientras miro pasar un pan
con forma de nube,
y su blancura cae por los senderos
no transitados por las hormigas
porque así son los brazos
                    de la providencia,
así se engarza al cielo
una moneda de ámbar
para comprar el pan,
así se multiplica el milagro
en las canastas umbrías,
así no es tarde nunca
para la salvación
a quien la espera.

Entonces dejo sobre una esquina
el cuchillo malgastado
de las falsas promesas
y abro la puerta
para que entre el pan
                una vez más;
lo bendigo,
lo tomo entre mis manos
                y lo elevo
como el verbo de un ángel
que me llevo a la boca.

LA TRAYECTORIA DEL TORNADO

Camino a algún lugar posible
los automóviles pasaban muy rápido
en sentido contrario.

Huían de algo.
Lo presentía
y muy pronto lo vi:
un tornado estaba naciendo
a la orilla de la carretera.

Me detuve, apagué el motor.
Las hojas de los árboles
se estrellaban como alcatraces
contra el mar turbio del cielo.

No recuerdo si hubo algún sonido
pero el remolino insistía en tragar la luz,
en llevarse las imágenes contiguas
al centro de su infiel emboscada.

Parecía ir muy lentamente.
Nadie podría pensar
que la destrucción era bella,
que en su inmensa cabellera
ahora ofrendara yo mis ojos
hasta exprimir las visiones del presente:

a lo lejos mi casa se derrumba,
una historia venida a menos
ya es un fragmento atroz del aire,
lo que fuimos se estrellará en la tierra,
tarde llegarán los cuerpos de rescate
y no habrá ni un sobreviviente.
La quietud será un rumbo ineludible.
La ruina un vaticinio.

Abrí los ojos y alguien me gritó
desde su automóvil que me largara de ahí.
El viento fue muy fuerte.
Mi hijo también me llamaba a gritos,
fui hacia él, encendí el motor
y nos devolvimos por el camino correcto.

Hoy se emprende nuestro viaje
como un breve refugio
ante el caos inminente.

La existencia es un desastre natural.

Por el retrovisor
veo los nombres de mis vidas pasadas
correr directamente hacia el tornado.

LUCES EN LA PISTA DE BAILE

Como si estuviesen listas para un baile de máscaras,
las calaveras no dejan ni un segundo de reír.

Sinceramente las detesto.
He bebido el vino agrio de sus cuencas,
he visto su sexo cristalino
romperse como un mar entre mi copa,
he sentido tiritar sus mandíbulas
bajo el frío continuo de la alucinación.

Ahora ya no me sorprenden
las lentejuelas de sus trajes,
ni su música vacía,
ni las luces que caen desde una gran esfera
inundándolo todo.

Joven como soy
aún no me hace gracia el chiste de la muerte.
Soy muy torpe al bailar;
sin embargo, las calaveras
pretenden que esté en el centro de la pista
o que les hable de mi vida
para seguir muriendo a carcajadas.

Yo no les hago caso.
No todavía.

Con indignación me pido un trago,
y me quedo sentado en una esquina
como el fantasma más serio de la fiesta.

DONDE NACE LA NIEBLA

Uno sale de casa cada mañana
con la certeza de que va a morir.

Atraviesa la ciudad,
saluda a duras penas,
esquiva el sol
porque es algo indecente,
compra el primer periódico y lee:
Una vez los poetas
poseyeron cualidades sagradas
y entre los suyos eran considerados profetas.

Y entonces empieza el mal de estómago,
cierras el periódico y lo tiras,
tratas de no hacer ruido
pero el asco es enorme.

Llegas tarde a trabajar
y siempre la misma frase inútil,
buenos días, qué tal, ahora almorzamos.
Y recuerdas el sonido de la máquina de escribir
de aquel vecino retirado
que le dio por escribir poemas.

Piensas en las teclas,
en el humilde orificio de un disparo en la sien,
en ese pensamiento,

en esa mísera unión de sílabas
que escaparía de los sesos y la sangre.

Quizás ahí está la salvación
                    pero desistes,
y almuerzas píldoras y tragos de estricnina
y sonríes a las muchachas
que pasan despeinadas;
llueve, miras tu reflejo amorfo
en la gasolina que arrastra el pavimento,
una flor podrida en el caño,
un zapato de niño en la basura.

Piensas que no hay verso que redima
la invención del mundo
(un poema no es un manual de instrucciones)
y pasa la vida, tu propia vida
como una página fermentada por el fuego.

Sabes que todo puede acabar
de un momento al otro
y aun así olvidas toda luz,
tomas un taxi
y cuando el chofer te pregunta
¿A dónde vamos? le dices:
Llévame al lugar
donde nace la niebla.

OTOÑO EN CAMDEN

PARA JUAN PABLO

Camino junto a mi hijo
por el Cementerio de Harleigh.

Los árboles, como faros quemándose,
se agitan sobre el lago,
se quiebran en el reflejo
de las alas de los patos
y los nombres y fechas
que se ahogan en su orilla.

Buscamos la tumba de Whitman.
En el sendero, por cada paso que doy
mi hijo da tres pasos;
no sabe que el tiempo es un compás
y que los años cambian los roles de los músicos,
como cambia de ritmo
el paso del caminante.

Pronto crecerá,
y seré yo el que tenga que seguirlo a él,
apurar el paso para caminar sobre las aguas,
hacer prodigios, o andar por las tumbas
hasta encontrar a un poeta desconocido
que acaso seré yo.

Ya habrá tiempo para que la muerte
pase su mano vetusta y llene de gris
el miedo y el recuerdo;
por ahora, somos relativamente jóvenes
y buscamos al padre de la poesía americana,
para tomarnos fotos y leer raros textos
que nos sabemos de memoria.

La vemos a lo lejos,
una pequeña casa hecha de piedra
escondida entre raíces y hojas secas.

El viejo Walt nos saluda
desde el frío que habita
en la extensa yedra de otros mundos,
y recuerdo aquellos versos que escribió:
porque cada átomo que soy te pertenece.
Como ahora, pertenecemos a esta parte exacta
del otoño en Camden,
donde mi hijo
guarda una hoja de hierba entre su abrigo
y camina tres pasos
por cada paso que doy
hacia la música que flota
en el reverso del aire.

La leyenda del volcán

*Nos desnudamos tanto
que los dioses temblaron,
que cien veces mandaron
sus lavas a escondernos.*
FABIO MORÁBITO

Solíamos dormir dentro del cráter de un volcán.
Íbamos en vacaciones a recoger arbustos,
a picar con guadañas la piedra del azufre.

La niebla se travestía en los muros naturales,
era una muchedumbre en las palabras frágiles
mientras tú y yo hilábamos la música del páramo,
nos daba por perdernos entre las fumarolas
hasta volver de noche a la misma tienda de campaña.

Ahí hacíamos el amor
hasta masticar la sangre,
hasta tenernos miedo y apartarnos
y la ceniza que éramos —no el polvo—
se mezclaba en el tiempo de otras fluctuaciones;
nos dejaba impregnados de una sal milagrosa,
nos desnudaba tanto hasta petrificar
lo que ahora llamamos memoria.

Fuimos dueños de lo voraz
y de la gracia trémula

de alguien que vuelve intacto a su niñez
y trae noticias de sus vidas pasadas,
un trozo de madera preciosa,
una punta de lanza
que se incrusta en la piel
de los animales muertos,
una rama de olivo
que se meció en los picos de las aves.

Desde aquí ya no hay rastro del diluvio;
sin embargo, al verte
la lluvia se te escapa
y cuando pones tu mano en mi pecho
tu puño es la piedra que se hunde
en medio del estanque
y desciende en zigzag,
más su sonido no lo puedo describir: es la poesía.

Su verbo es tan real
como el magma que habita bajo nuestros pies
y que ya viene a mudarnos la vista en el paisaje,
a invitarnos a ser parte del volcán y perecer,
o salvarnos
    en el misterio de los cuerpos
                    que son uno
y viven para contar su historia.

Un día hablaré de ti y no me creerán,
un día dirás mi nombre

y se echarán a reír.
Pero vendrán las lavas
y todos moriremos,
pero vendrán las lavas
y de nuevo tus ojos
me harán creer
en la ceniza.

CANCIÓN DEL FUNAMBULISTA

El equilibrio es una voz que posa levemente sus taladros en mi oído medio. El sueño es un abecedario donde Dios vuelve a ser un estudiante del cielo y hace trampa a los otros dioses del Olimpo que fueron sus maestros. Sería mejor no darse por enterado de las últimas intenciones de los dueños de un circo; especialmente ahora que has decidido aflojar un poco más mi cuerda, y me has escondido los polvos blancos para evitar la fricción o la nostalgia. De todos modos, me toca ensayar la función de esta noche sin algún tipo de artificio. Sé cuánto se extienden contra sí los extremos, sé cuán efectivo será el veneno de la araña que subirá a la boca del estómago del público, sé lo que mirarán los niños que decidan cerrar los ojos, mientras sus madres gritan como alcatraces a los que les ha caído un alud justo antes de llegar a la orilla de una isla que otros han elegido por cárcel. Nadie sabe cuánta niebla puede caber a veces dentro del corazón. Nadie sabe cuán insoportables llegan a ser los rugidos de un león ambidiestro y mal alimentado, mientras llegas de noche y llamas a mi jaula para arrojarle un hueso más a este saco de huesos que soy y que no me enorgullecen, y me dices: *¿Ya oíste cómo rugen las bestias al hacer el amor?* Y yo que no conozco más amor que los barrotes te prometo o, mejor dicho, te juro, que mañana por la noche estarás viendo una función que jamás has visto. Y los domadores de pulgas se echan a reír; yo también me echo a reír y elevo con mi mano empolvada el agrio champagne de las horas perdidas.

Pero ya basta de conspiraciones contra las vidas por venir.

Los altavoces están llamando al público y tus labios son las limosnas que los astronautas encuentran en la arena lunar.

Si bien es cierto, tengo podrido el treinta por ciento de mi alma, el otro setenta aún es materia para llenar de lágrimas el vino de los locos. La función acaba de empezar, y camino por este poema como por el oído medio de los ángeles que dicen que la soledad es una gota decapitada de rocío en la punta de un iceberg.

REENCARNACIÓN

Escribo y pienso en tu nombre
que es morir y reencarnar en el pasado.

Caminaremos por las calles de Londres,
descorcharemos otra garrafa de vino
desde lo más alto del Coliseo Romano,
tu voz acompañará el arpa de Safo
en una isla de la cual no tendremos memoria.
Veremos desde un jardín de la India
al viajo domador de tigres de bengala,
seremos náufragos en el Báltico
y el frío de Siberia nos llegará a los tuétanos.
Nos traspasará el pecho la flecha de los cazadores,
pasaremos horas sentados junto al fuego
comiendo conejos y moras silvestres.
Nuestro cuerpo se reventará en el suelo,
comerciaremos con los hombres de las aldeas,
moriremos en la cálida vagina
de la mujer que no pudo parirnos,
viviremos la pobreza, la humillación,
los campos de algodón que pincha el dedo
que escribirá en la pared del gueto
el jeroglífico del hambre.
Hallarán nuestros cuerpos
días después en la costa,
nos reconocerán por las dedicatorias de los libros

que estarán en nuestros trajes.
Posaremos para la primera fotografía
que se tomó en el mundo,
comeremos el corazón del hombre
sacrificado en la piedra,
eyacularemos junto al río
y la luna nos tatuará la cara.
Ya no encontraremos
nuestras vidas futuras
y volverá la tinta
a sus cámaras umbrías,
mientras morimos
y tu nombre es ya mi nombre
en esa línea que al final
d e s a p a r e c e.

EL BONSÁI

La luz era otra hoja del Bonsái.

Lo compramos para adornar la casa
pero adentro comenzó a secarse,
su verde trasmutó a pálido amarillo,
el musgo caía por sus costados
a pesar de que lo sumergíamos en agua
cada dos días como recomendó
el viejo japonés a quien se lo compramos.

El pequeño bosque
de pronto fue una zarza ardiente.
Le crecieron cardos,
su aspecto nos fue desagradable
adentro de la casa.

Por eso lo sacamos,
lo dejamos junto a las otras plantas secas
en el patio, a la par de los floreros que trajimos
con la esperanza de alegrarnos en los días serenos
y que hoy sirven de hogar a las arañas.

La aridez
fue de pronto
nuestro pan cotidiano
y una raíz amarga

nos crecía dentro del corazón.

Pero quizás, el milagro sucedió:
Desde afuera, la intemperie lo cubrió
de lluvia y luz,
le dio el aire que tal vez necesitaba
y las viejas ramas secas
empezaron de nuevo a revenar.
El musgo renacía
y se llenaba de polvo de agua;
era algo extraño, era algo firme y frondoso,
como si al estar vivo
se burlara de nosotros.

Nuestra luz no fue capaz
de alimentar al árbol,
pero sí la otredad,
la última voluntad de la belleza.

Ahora lo miramos hacia el exterior,
preferimos dejarlo ahí
y que fuera libre.

Nosotros aún estamos dentro de la casa.

HALLAZGO EN ALTAMIRA

Le hablo al hombre
que dibuja bisontes
en la cueva de Altamira.

Le digo que se detenga,
que no vale la pena
dejar registro
de existencia humana alguna,
que los cazadores
nos cazamos a nosotros mismos,
que fracasamos en un intento de futuro,
que no aprendimos a remendar
las hilachas del corazón
y a la forma del círculo
solo la utilizamos
para forjar monedas.

Le insisto en que no somos dignos
de contar nuestra historia,
que dejamos sobre mesas de fuego
el papel de la creencia,
de lo que conscientemente
nos hacía discernir
entre un atardecer
o el incendio en la casa de la misericordia.

Le digo que ya basta,
que no se atreva,
que para qué tanta lata
en sobrevivir más allá de la memoria.

Pero el hombre de Altamira me da la espalda,
finge no escucharme, no saber que estoy ahí,
y sigue dibujando
sus bisontes.

TANATOSIS (o el arte de hacerse el muerto)

Sentado en la mecedora
del patio de mi casa leo a Cioran,
a Borges, a los poetas chinos
de una dinastía de casi 2000 años atrás.

La belleza aún sigue latente en sus textos,
también el hastío, lo solitario y lo abyecto
que se traduce en las sílabas que conforman mi mundo.
Estos poetas tuvieron pánico a la muerte.

Me pregunto si hay dolor, si vienen por nosotros,
si uno sube y desciende por un túnel escarchado
en la más fiera luz que hayamos visto,
si se siente el frío que dicen que se siente
o es como quedarse dormido
entre lunas de espuma y sábanas de opio.

Yo también viví mis días
como si nunca fuera a morir
y ahí estuvo el error.

Escribí porque tuve miedo y arrogancia
y ahora la verdad me golpea
como un trapo en la cara;
quizás no viví lo suficiente,
quizás me fui perdiendo

en el bosque sagrado de la procrastinación,
dejando para última hora las cosas esenciales:
mi hijo que sopla un diente de león,
el vecino que grita gol desde lo eterno,
la canción que mi esposa tararea,
el hombre o la mujer que cede ante la noche
y lee a Cioran, a Borges, a los chinos,
un libro de poesía
como un paliativo real
contra la muerte.

APUNTES SOBRE LA INUTILIDAD DE LA POESÍA

1

Todo es en vano.
Ningún poema que escriba
podrá describir el olor
de la chilera abriéndose
en casa de mi abuela,
reunidos aún todos los ausentes
(los vivos y los muertos)
frente a un plato de sopa
que hasta el día de hoy
se rehúsa,
            humildemente
                        a enfriarse.

2

No todo termina en la muerte.
El poema es siempre
un final alternativo.

3

El tigre te comerá

aún si eres vegetariano.
Así el poema te vencerá
aunque respetes
y sigas al pie de la letra
los altos estatutos de la poesía.

4

Decía Nietzsche
que el arte nos salva del absurdo.
Pero no se dio cuenta
que nadie jamás encendió
una señal de auxilio.

5

Un poeta noctámbulo
una vez me dijo
que la poesía tiene conciencia
del número de gotas que caen en la lluvia.
Pobres de nosotros –pensé-,
esa noche, borrachos,
y de regreso a casa,
nos dejó el autobús
y no llevábamos paraguas.

6

Tantos años llevando hasta la cumbre
la misma piedra
para después verla rodar
hasta la árida planicie.
Cualquiera diría que es ilógico.
Pero hay que ver la sonrisa de Sísifo
cuando mira el paisaje
caminando cuesta abajo
con las manos vacías.

7

De niño dije:
quiero ser poeta.
Mi madre entonces
me regaló unos guantes de box
y me puso en medio de la plaza
a pelear contra un poste de luz.
La gente pasaba, se reía
y hacían sus apuestas.
La mayoría le iba al poste de luz.
Para sorpresa de todos
aún sigo de pie, lanzando ganchos
en medio de la plaza.

8

Creer en la poesía
como creer en Dios;
es decir,
amarrarse al mástil
del barco que se hunde
y gritar: no se hundirá.

ANILLO DE MADERA

No hay nada más humilde que un anillo de madera.

Lo porto en mi dedo
que es de carne, sueño y hueso
y como todo lo que soy
no será más algún día
que una historia de ceniza.

Que otros vayan a ostentar sus joyas,
su pedrería fina,
su plata forjada
con la palabra "parasiempre",
su oro que ya no cabe en la balanza.

Yo también tuve esto y mucho más;
sin embargo, la sangre se coagula,
los huesos se desgastan y las médulas
anuncian la materia de la muerte.
De nada nos sirve revestirnos;
a ella se entra desnudo como a un parto,
nos recibe como serena madre
y su leche fatal nos hace iguales.

No hay nada que pueda sorprenderle
a los ojos de la Gran Señora,
cuando vemos su luz que brilla más que nada

y atravesamos sus puertas de cristal
sin más ofrenda que un pájaro de sangre
en nuestro pecho.

Por eso prefiero mil veces la madera
antes que el frío de los metales pulcros,
por eso es más sincera una lágrima nuestra
que nuestro propio rostro reflejado
en el espejo del diamante,
por eso el tiempo escribe su elegía
en los relojes de arena.

Sólo pediré una cosa
antes de que mi cuerpo ya sea levedad:
Deja en tu mano un anillo de madera
y di mi nombre entre las cosas humildes
que veas bajo el sol.

AL POETA QUE DEJÓ DE ESCRIBIR

Cualquiera diría que iba a ser un héroe.
Que mataría al gigante,
que entraría con una cabeza bajo el brazo
por la puerta de la ciudad ya redimida.
Que las palmas calzarían su camino,
que en las paredes escribirían sus palabras
y las mujeres cantarían a coro sus hazañas
de vengador furtivo,
de solitario paladín en las estepas.

Cualquiera diría
que la sangre que hoy lleva en la armadura
                         no es la suya,
que no vale el dolor sobre la herida ajena
cuando se llena hasta el borde
la copa de la dicha.
Pero falló. Les falló a todos.

No empuñó como debía
la pluma o la espada.
No supo decirnos lo que había
entre el corazón del hombre
y una estrella de fuego.
No pernoctó en el alma del vino,
en el calor de las lenguas lujuriosas
o en la gloria de los tiempos pasados,

y ahora se limita a esto:
soñar que para otros fue la eternidad
y ser un pedazo de carne que se pudre
como una página en blanco
disipada en la arena.

CANCIÓN PARA AFINAR LAS GUITARRAS DE AIRE

Ahora es el turno del poeta.
Le tocará decir las palabras que ha ensayado
no importa si está llena la sala
o llegará poca gente al recital.

Sentirá cómo la lumbre le hierve en el estómago,
le irá subiendo al pecho
y le hará apretar los puños
para golpear la epifanía que siempre lo persigue.

Mirará al público un instante
e imaginará el primer acorde de la noche.
Dirá acaso una verdad obsesiva,
le pondrá un espejo a la página en blanco
para que Dios se ahogue al asomarse cual Narciso,
y las letras de su nombre se reduzcan
a ese manchón que verá sobre un atril.

Dirá unos cuatro o cinco poemas según lo dispuesto
y tal vez se sentirá en un teatro
y querrá echarse a navegar en ese mar de gente
que no lo atrapará.
Las luces del escenario empezarán a arder
y el poeta sentirá nostalgia de Sodoma,
de los labios de una mujer perfecta
en un bosque trashumante,

de las viejas canciones a orillas de un mercado
que servían para afinar el corazón de las serpientes.

De verdad es un necio.
Es probable que no se quiera ir.
Cantará y cantará
hasta que la muerte le diga
que ya fue suficiente,
que el público se ha ido,
que las meseras han puesto
las sillas sobre las mesas
y muy pronto comenzará a amanecer.

En aquel momento,
el poeta será víctima de una rara tristeza,
evocará un tiempo mejor que ya no existe
y en el último instante de euforia,
reventará contra el parlante
su guitarra imaginaria.

ARTE POÉTICA

El poema dice adiós desde la borda.

En el viento y la lluvia
-ahora inminente- es su propio capitán.

En altamar no cambia de rumbo la tormenta,
aunque se hagan señales de humo,
gestos de piedad sobre el ruido aparente,
o se disparen al aire
los libros de quien calla
cuando ve saltar entre las aguas
al gran pez de la derrota.

Nos miramos por última vez.
La tormenta se dirige hacia nosotros.
Todo poema es un naufragio.

LADRONES DE LIBROS

Todo es mío y nada me pertenece,
nada pertenece a la memoria,
todo es mío mientras lo contemplo.
WISLAWA SZYMBORSKA

Loado sea el ladrón de la cultura;
el que no puede comprar libros, pero los ama
y siente un escalofrío que le sube al espinazo
cuando abre las páginas vetustas y las huele.

Bendito sea el amigo que deja pasar a su amigo
a su biblioteca personal y presta sus libros
sabiendo que el otro no los va a devolver y no le importa.
Más bendito aun aquel que los devuelve
y se da cuenta de que arranca un pedazo de su piel
u otra extremidad y lo otorga como un pan
al dueño que no entiende lo que pasa.

Alabado sea el coleccionista de rarezas,
el vigía de las primeras ediciones firmadas,
el que deja una lágrima de felicidad
sobre las tapas de cuero;
al que conoce aún el papel biblia
y desprecia hasta las heces los libros digitales.

Que nunca le falte el sustento

a los muchachos que sedujeron a las bibliotecarias de la
Universidad
para obtener ciertos favores en pro de la lectura
y llegaron a enamorarse realmente,
hicieron el amor entre los anaqueles del mundo
y en cada idioma que aprendieron dejaron un orgasmo.
Que nadie olvide las librerías de segunda mano
donde dos aprendices de poetas
se las ingeniaban para distraer al vendedor
y en sus mochilas escondían los libros de Shelley,
de Szymborska, de espíritus cuyos nombres
fueron escritos sobre el agua,
o alucinaron en baratos hoteles de una noche,
o se tendieron a la piedra del sol
a ver pasar ovnis de oro bajo la noche estrellada.

Que nadie los ofenda a los lectores,
que los dejen ahí, con sus libros,
en un instante del paraíso,
pues el infierno que les espera —según Dante—
es tan sólo vivir sin esperanza.

Al final, después de todo,
no nos saldrá tan caro delinquir
y la belleza más grande consiste
en llevarnos a casa
lo que nos fue prohibido.

De *La hija del agua*.
Amargord Ediciones, Madrid (2018).

CANCIÓN PARA PERDERSE EN EL CAMINO

Llega un punto en la vida
en que uno empieza a hablar de lo perdido,
y pareciera que al voltear
la mirada al hueso
siempre es medianoche en los relojes.

Con impaciencia, los dedos se te escurren
hacia una calle vacía,
y respiramos la materia que no está:
un restallar de vida,
una opulenta perla en el aullido del mar,
una bandera rota en las entrañas de la niebla,
un escorpión que agita su veneno en la memoria,
una poeta que rodó por el fuego y las alcantarillas
y fue lanzando infiernos hasta que di con su voz,
hasta hacerme lamer el magma que salía de sus ojos,
hasta excavarme el pecho con su pico de pájaro
y recordarme la furia que sentía
en la laceración del semen,
aquellos hijos que no supieron su historia,
aquella vida que al fin quedó truncada
y sólo fue capaz de generar poesía,
ahí donde el olvido es telúrico,
y olorosa, llameante, enajenada,
la muerte se acoge a su regazo
como una nostalgia imperial,

y tenemos que seguir contando lo perdido
sabiendo que el tiempo ya no existe,
con una fabulación de lo que sería
si el amor enloqueciera sus puntos cardinales:
una saeta acorralada en el sur,
un paso que se agita en el norte,
un este cumplido de promesas vanas,
un oeste punzocortante en la garganta.

Cualquier camino es real si allí te pierdes.
Los soles pasan por la tierra
como naranjas endiabladas,
las lunas hacen surcos en las frentes
de quienes van a morir y lo saben,
y el viento, que todo lo entiende y lo contempla,
solo grita: Muévete, viaja.

Y nuestros pasos son los fósiles
que crecen adentro de la tierra,
y la travesía nos dice que lo que hacemos es música,
y el corazón retumba y quiere estallar
por la salud de los muertos,
los fantasmas de nuestros ancestros vuelven a cantar,
el licor hirviente se destila y cae
hasta parir su melodía,
el fuego crepita en la hojarasca y no se puede callar,
borracho, te miro a los ojos
y no me puedo callar,
tus manos muertas me señalan

la ruta de tu vida
y no me puedo callar.

Legamos a la remembranza aquello que perdimos
y llega un punto en la vida
en que sabes que ya nada es real
salvo el largo camino
en que te encuentras
y te pierdes.

EL MAR ESCULPE
espumas de oscuridad en sus orillas.
Una niña las pisa
y rompe bajo sus pies
el estruendo de los astros.
Una vez más se convierte en naufragio
y sus huesos se apiñan
en una hoguera
cuyo tránsito
es la memoria del fuego.
Nadie puede salvarse del desastre
o de la cicatriz
que salta en invierno sobre el agua.
Mar adentro
lo único que se contempla
es humo
y la danza silente de una niña.

EN MEDIO DE LAS COSAS

cegadas por la luz
vas escalando el alfabeto de la muerte,
te prendes a una distancia ya aterida,
modulas el palpitar del tiempo que se esconde
como un lebrel en las agujas de la noche.

Nada resiste ya, salvo tu tregua
en esa guerra del verso contra el cielo;
un musgo que crece en la oscuridad
y horada la sed de los durmientes.

Nada se puede sentir sino tu lira
con las cuerdas rotas y esa escena en delirio:
Lo cóncavo de un bosque que se adentra en mi alma
cuando tus pájaros ciegos
beben los ojos del amanecer,
un racimo de otredad dispuesto a la embriaguez
cuando mi pecho sea transparentado por tu mano
y los perros de la eufonía
recojan con su lengua la sangre que me brote.
Siempre hay un espacio para aquello que seremos,
ya sea quemarse en la transfiguración del viento
o ceñirse al cuerpo una especie de cábala
donde los sabios y los parias
van dejando su pequeña canción
de ser humano.

Así las cosas, estás muerta

en la llanura de mi respiración
y las nubes se alzan reinventado la realidad,
porque en este lugar se oxidan las ausencias
y es imposible volver a la niñez
bajo esta tierra húmeda.
Sólo nos queda recorrer la lágrima
y su boca sideral
para reunir a tus pies el bálsamo del sueño,
convocar la plenitud de las heridas,
atravesar ventanas y silencios,
montar de nuevo el caballo de la fuga
y derribar las puertas
que a lo largo del alma nos golpean.

TE IMAGINO EN LOS VIEJOS PUPITRES
del Colegio Superior de Señoritas
salpicada por el agua de los sueños,
haciendo garabatos en los surcos del aire
como una oveja negra
pastoreada por la luz.

Te imagino en los lienzos
de tu salón de arte,
inmiscuida entre los trazos de Klimt,
sosteniendo en tu mano un beso
o un pequeño cadáver de pájaro
que se coló entre las rejas
o las sotanas de las mártires.

No puedo imaginarte de otra forma
salvo en la vida extranjera del albatros,
con tu alma hundiéndose
en las aguas templadas de la vida,
con tu voz que es invierno
y cae sobre los huesos de la tierra
como una diminuta congregación de sangre
o de rocío.
Tiene que ser así,
tu recuerdo en una balada rota,
tus cabellos vetustos cual serpientes
y la aurora que te mira
entre la piedra.

Yo ando por los pasillos del colegio
acariciando las columnas que tocaste,
y tu fantasma se refleja sobre el piso
y vuelve aquella edad por un instante
en que vestías a rayas,
colmabas de otros mundos los relámpagos,
zigzagueabas en la cuerda floja de los días
y la soledad
era un libro de madera
tallado por tus manos de artesana.

A SU REGRESO DE LA ISLA,
vuelve a talar el árbol de la felicidad.
Escupe en el polvo
y lo mezcla con los dedos
para moldear el barro del espasmo.
No tengo un hijo
al cual heredar la tierra –piensa-,
y en su vientre dibuja
la maraña que se desliga del silencio.
Una creatura
se retuerce en su sangre
y le da dolores en un parto de siglos.
Un cordón umbilical hace que estén unidos todavía
mientras en el pasto la sangre se coagula,
vuelve a ser la fiesta que destila
un licor inicial, premonitorio,
de una madre que se embriaga hasta la sed.
Eunice corta el ombligo
de su extensión de sí,
pero la creatura se queda quieta en la hojarasca,
no discrimina el cielo de la tierra,
ni el latido de su madre
que aúlla ante la luz.
La creatura solo besa el ala de la muerte
y se ofrece de alimento a las hormigas.
Eunice ve desaparecer lo que fue suyo
y poco a poco se acomoda el vestido,
limpia en sus orillas la mancha de su sangre,
deja su rebelión entre las piernas,

mira la luna y la maldice,
tan perfecta en el frío de los cañaverales,
y se despide sin lágrimas
del ser que nació para morir.

QUIEN SE VA LO DEJA TODO.

Un beso empolvado en la estación,
un autobús siniestro
que carga los mares de la noche,
la destrucción del amor,
la desfachatez de una última palabra
ardiendo en los aeropuertos,
el vapor condensado de la lucha
en baratos hoteles de una noche
antes de atracar al muelle
y ser parte del barco
para desfallecer después
en un puerto vacío
parecido a la infancia.
Nunca volverán a nombrar
aquello que dejaron
quienes se fueron un día.
Tan solo sus fantasmas
hablarán por ellos y nosotros.

DESCANSA EN TRINITY CHURCH.
Una parvada de pájaros castaños
va y viene entre las tumbas.
La iglesia gótica parece tiritar
y es lo único
por donde no avanza el tiempo.
Afuera acontece
la locomoción de los días contados,
el rechinar de los zapatos raudos
y las máquinas que llenan con su ruido elegiaco
las paredes de las oficinas.
¿Qué pensarán de ella
éstos héroes del siglo XVII?
Eunice avanza
tras el ángelus de los caídos
porque el mundo real
se ha vuelto inhabitable.
Campanadas;
su vibración hace
que la parvada alce vuelvo
dejando su castaño entre las tumbas.
Todo calla,
y en lugar de pájaros
empieza a caer la nieve.

Esta es la casa

de la mujer que yace muerta
en la Calle Río Neva.
Estos son sus pies,
su corona de espinas que se inscriben
contra el cuerpo que silva una tonada.
Esta es la carta que se responde a solas
cuando la dicha nos esconde
sus miles de ciudades,
los gendarmes que posan
para la eternidad en un triciclo,
en la insensatez de una puerta,
en un sillón en llamas.
Esta es la dirección
que no supo la alegría,
el piso donde el agua corre con tranquilidad
por todo el aposento
y desde la bañera insiste en lavar
todo trazo de tragedia:
Los cabellos nefandos,
los brazos verduzcos y ateridos,
las piernas que no podrán correr hacia la lluvia
y sobre todo las palabras.
No poderle ordenar al sol que salga,
no poder nombrar el beso
en la mejilla del amigo,
no pronunciar aquel último verso
en ese cuaderno de papeles amarillos
que caen y se mojan y donde estaba escrito:

Dichosos los que pueden
decir adiós a los suyos,
los que antes del vuelo
son llevados en silencio de la mano
a contemplar el agua clara de las lágrimas.
Dichosos los que comen el pan del perdón
cuando en su paladar se guarece
una mentira o un ángel.
Dichosos son aquellos
que no son encontrados
diez días después de su deceso
y tienen que ser enterrados de emergencia,
sin decoro alguno,
en una fosa prestada
y en un país ajeno.
Dichosos son quizás,
aquellos para quienes hay un lugar
más allá de la muerte,
y son recordados
y reciben visitas en un lecho
con epitafio a gusto
y letras sobre mármol.
Eso decían aquellos papeles amarillos
pero hay cosas peores,
están quienes heredan tan solo
los tatuajes del viento y la risa de la calavera,
los que tratan de gritar aferrados a un retrato
cuyos ojos nos persiguen en la noche,
los que se hunden en una bañera

y respiran el agua de la desfloración
y se desbordan
ante la vista precaria de los dioses.
En esta casa
hay una mujer que yace muerta
mientras los automóviles
calcan su tránsito vacío en las afueras,
y los detectives se tapan la boca con un trapo
y buscan números telefónicos
o algún indicio de una ligadura de una poeta con la tierra.
Pero ya solo hay tiempo para la desesperación
y el entierro en el cual no hubo oraciones.
Hasta el día de hoy,
el río sigue corriendo
quizás con la intención de conocer el mar,
o tenderse sobre al alma de Eunice,
como decir un sol,
y evaporarse.

PRIMERA CARTA (Día Uno)

A JUAN LISCANO

Como un régimen contra natura
se hace el alba.
La luz cae sobre la bañera
y esparce sus cristales
en el viento y mi sangre.

Floto en una breve alberca
pero mi voz no puede traspasarme.
Esta carta te la escribo
sobre el agua del tiempo y de la sed.
En la sombra verás su tinta incolora,
oirás el sollozo de una creatura enferma,
llevarás hasta tus manos unos ojos de hielo
y empezarán a derretirse
como tantos recuerdos.
Imagino que ahora estás en una silla
en medio de una habitación a oscuras
como un durazno cortado en su cimiente,
y buscas raíces en el concreto exánime,
pasas tu lengua sobre las manos de San Miguel,
escribes una canción, perro faldero,
sobre un niño de mimbre
que quiso ser Santo;
pero la canción no fue tu patria

sino las ocurrencias de un loco inofensivo
el cual, las noches sin luna,
se recreaba a sí mismo en el infierno,
saltaba de un sueño al purgatorio
hasta encontrar el cielo
en el centro de una nuez
o una palabra.
Ese eras tú, Juan,
cuando te conocí
en aquella mañana caraqueña,
traías el testamento en tinta china,
te asombraban los goznes del espasmo,
me nombrabas tus Cármenes
con la ilusión de un proxeneta o un ángel,
me conducías de la cintura
por una ciudad jodida y maravillosa;
qué fantasma, qué irredenta,
qué cruel anatomía
sus calles floridas y empedradas.

Daría lo que fuera
por estar ahí un instante ahora,
cosiendo un traje de plata
para ti niño marica,
que debes estar llorando
al leer esta carta,
que ya sabrás que mi nombre
es el pájaro fulminado por el rayo,
es la fiesta que nunca se sostiene

en su ajuar de mentiras;
que ya sabrás tú, Juan, nogal, amigo mío,
que si dictas tu tiempo
ya no podré nombrarlo
porque ahora estoy en ese primer día
más allá del silencio de una lámpara
que titila a lo lejos, desaparece,
por una décima de segundo vuelve su fuego
hasta caer marchando
en el cuarzo de la oscuridad
definitivamente.

SEGUNDA CARTA (Día Dos)

A Carlos Martínez Rivas

Querido Carlos,
te escribo para acaso recordarme
aquella promesa que nos hicimos una vez
bajo el árbol de almendro.

¿Recuerdas?
El que muriera primero
ya sea cerca o lejos
se considerará viudo
y desposará siete cuerpos
cuyos rostros llevarán el mismo nombre.

Nadie llorará aunque esté borracho
ni apretará las rodillas
contra los barandales
cuando una carroza fúnebre
forme parte de alguna línea etérea de los sueños.

Tendrás que tomarte el papel en serio,
como si en todo este tiempo
hubieras sabido
que mi juventud no tenía
donde recostar la cabeza,
que los libros que me diste

robáronme el oxígeno
en su actitud de jueces mínimos
contra el llanto indomable.

Quizás para entonces viste en mí
esa careta que llevan los muertos de antemano,
esa máscara roja
como en el cuento de Poe
que me contaste un día
cambiándole escenas y lugares,
adaptando los personajes
para que fuéramos nosotros,
sí, nosotros cuyas vidas
giraban alrededor de una jarra de vino,
un pan añejo y tres cigarros
tirados sobre la mesa.

Carlos, y es que ahora me voy
creyendo en el fuego más no en su quemadura,
no deparo en el dolor
pero si alguien cercano me busca
y se desangra
finjo que soy la emperatriz del sufrimiento,
le doy mi piedra aciaga,
un epígrafe de Homero
para la amarga circunstancia.

Aquí estás de alguna forma
y esto es lo menos

que te puedo prometer:
Inventarnos hijos y una casa,
un perro, un estudio y muchos gatos;
besarnos largamente en el mercado,
obsequiarnos una rosa de carey
para ponerla en la mortaja del otro
cuando zarpan los barcos
y las campanas estallan perfectísimas
el día en que digamos adiós
y nuestro rostro se afirme
como un metal sereno
bajo el cielo sin nadie.

TERCERA CARTA (Día Tres)

A Carlos Pellicer

Nadie puede explicar la altura de los ángeles.
Salir de un estado catatónico
y recrear las muertes
que destilan su ámbar
en un pueblo de espejos.

Los ángeles son seres
que fueron hechos para horadar la sed.
Llevan el laurel de los que duermen,
la dignidad de un rayo
que se oculta y despierta
entre los sexos de los conjurados,
en la panacea de un cielo
de vidas inconclusas,
en el río viviente de las máquinas,
en las letras de la combustión
que se unen para escribir
tu nombre durmiendo
entre los siglos de la llama.

Nadie puede explicarlo;
contra un ángel no se puede luchar.
Nos dejaría lisiados como a Jacob
el día que quiso robar su bendición,

lo trataríamos de enfrentar
con las manos desnudas,
con un verso en plena unión
de todo aquello que ríe y se entrelaza
pero nada lograríamos.

El tiempo nos vería desde un alto vitral
impregnados a la sombra de los mártires,
balanceados entre la luz que cae
sobre la madera del altar
y el mosaico enrojecido.

Aquí toda deidad es cosa vana.
tú, Pellicer, mi prójimo más próximo,
fallaste en tu humilde tarea de ser ángel;
pero lo hiciste bien,
lo sobrenatural cobró sentido
en una hoja caída entre tu mano,
los puentes quisieron a solas construirse
de tu desolación a esa multitud
que te habitaba en la noche sin quererlo.

Me diste algo de paz por un instante
cuando acariciabas mi pelo
en el sillón de mimbre
y me cantabas rancheras
con tu voz celestial y desgranada.

Respetaste mi soledad,

mis fuegos fatuos,
la sencillez con que podría alejarte
como un animal
que bautizara la nieve con su sangre.

Pero fuiste paciente
y lo poco de ángel que pudiste tener
me lo enseñaste.
Por eso hoy no podré explicar tu altura,
no podré describirte
con esas alas blancas y ridículas.

Solo diré que tu bondad fue mi otra casa
y dejaré que esta carta se pudra
entre los ojos del ángel
que nunca fuiste tú.

CUARTA CARTA (Día Cuatro)

A JOSÉ LEZAMA LIMA

Desnuda en el misterio de una operación alquímica,
te nombro en el centro
de una isla donde hay otra isla y otra,
golpeo los espejos sesgados por la noche,
distraigo al caracol
que arde en su guarida
como una canción platónica,
como si debajo de tu brazo
aún llevaras aquel fuego prometeico,
tu sombra adúltera,
elevada en una orgía de luciérnagas.

A mi voz llega tu mar,
los signos órficos,
tus lunas que destilan mi sangre en el caldero
cuando el cielo absoluto
se llena de epigramas
y la materia terrestre
es un olimpo menos
para la entraña lasciva,
para un vaso de tiempo soterrado,
para un ángel barroco
que se aviene a mi carne
y me obliga a cantar,

a tomar un remo
y ayudarle a Caronte,
a confundir el guano gris de las cavernas
con la arcilla originaria y catastrófica.

Sólo por ti ya fueron rotos los venenos,
la luz de la mañana se prolonga en el polvo
pero no hay restos de vida en su altura y su fiebre,
nada hay que se palpe
en ese estéril territorio
y sin embargo, de la luz
también emergen animales invisibles,
caen sobre mi cuerpo que tampoco se ve
y mi carne convoca su jauría,
me devoran hasta convertirme
en la nada de la nada
y ni siquiera tengo un epitafio,
una llama de fuego
con escritura cuneiforme,
un regimiento de verbos
que dejan su huella de corzo en las arenas.

No tengo, Lezama,
ni siquiera mi muerte
en este cuarto día,
en esta conflagración de aguas distantes,
en este centro
en cuyo centro hay una isla
que mide lo que un corazón

es capaz de medir
y donde quiero habitarte,
por un momento breve,
como un animal invisible
entre la luz.

QUINTA CARTA (Día Cinco)

A MIGUEL ÁNGEL ASTURIAS

Ahora que las palabras golpean a lo largo del alma
y la fe es un pájaro quemado
por la luz errática del cielo,
presiento que lo que fue de mi vida
acabó por creerse su locura:
el emigrante que no huye de un país
sino de sí mismo.

En este apartamento del distrito Federal
aún cae el granizo de mis últimos días,
papeles desordenados que arderán,
una fosa prestada no muy lejos de aquí,
en el Camposanto de San Lorenzo en Iztapalapa
donde siete años después me sacarán
para hacerme ceniza
y andar en el asiento de pasajero
en una urna
por las mismas calles de siempre.

Entrarán conmigo en brazos en fiestas de salón,
escucharé el sonido de las copas al chocar,
la inhalación del polvo blanco,
el golpe de los billetes tirados en la mesa,
gemidos sexuales,

guitarras, tequilas y trompetas.

Me dejarán perdida en los geranios
y después de la resaca
nadie recordará nada de mí.
Así será mi paradero
porque así lo quise.

No volveré ya más
al país de los costarriscibles
aunque una voz me llame
con una mano extendida al pensamiento
y mi boca recree el sabor
de las manzanas de agua,
la lluvia verde
sobre un caribe eterno
donde una vez
me abrazaron los Orishas.
de mí ya no habrá nada,
por eso me duele, Miguel Ángel,
no tener algo que legarte,
viejo amigo,
camaleón de las esferas terrestres
y nueva voz de los mayas.

Aquí donde estoy pasan las horas
como los caracoles
arrastrados en su baba,
y ahora tiemblan las revelaciones del retorno,

de todo lo que pasará
cuando no esté y no me dé cuenta
para nombrar la vida
con todos sus aguijones,
con las espuelas clavadas a la carne
de un caballo invisible
que agita sus crines sobre el humo,
relincha en la frontera del relámpago,
afirma su herradura aquí en mi muerte
y me lleva de nuevo
a la certeza de la errancia.

SEXTA CARTA (Día Seis)

A Alfonso Chase

Acabo de hacer un pacto con la muerte.
Recién le mostré tu nombre
como el trigo que se quema en mis labios.

Le he dicho que no te mire aún
sino después del vuelo
del tiempo inmensurable,
después del arpa encallada
en su propia melodía,
de la abolición de un puente que se yergue
en dos miradas que no se reconocen.

Después de tantos días conmigo
al fin la muerte
te descubrió en mi alma,
sintió tu fuerza en el adagio,
en la otra tempestad del cuerpo
que he dejado como un cascarón
sobre el agua siniestra.

Quise guarecerte de la oz,
de su falaz forma materna
cuando los hijos del viento
le rinden pleitesía

y pagan tributos en los segundos serenos,
un amasijo de luz entre la sombra,
una señal viviente
en esta jaula que multiplica sus espasmos.

Quise llamarte, Alfonso, a través de la noche
para que no durmieras nunca,
para que supieras
que canjeé mi tiempo por tu vida,
que en mi vientre bauticé los ritmos siderales,
las uñas de la muerte,
la copa de soledad que irás dejando
definitivamente en el camino.

Serás el fiero árbol que destella,
un aluvión de escombros que renacen
para decir de nuevo:
Aquí estuvo la vida,
mi raíz era un pueblo en los hinojos,
mi altura un debate
entre el fuego y la nada.

Yo seguiré despierta aquí,
como una madre ciega
que se posa en tu hombro
y te susurra para contarte un sueño:
Ven Alfonso, escúchame,
acabo de soñar que éramos un bosque
donde nunca se ponía el sol.

SÉTIMA CARTA (Día Siete)

A Efraín Huerta

Desde aquel día
que nos vimos en el zócalo,
mi alma solo supo bendecir
tus palabras incurables.

El mundo era una cifra,
una trompeta donde ardían los significados,
una escueta campana
lista para tañer
en el suicidio de las golondrinas.

La calle era ninguna
bajo la lluvia ácida.
Guarecidos en las fondas,
describíamos el vaho
de las comidas ambulantes,
mirábamos a los ojos de los carteristas,
a los parias que llevan trajes
y esperan a otros
en sillas de plástico.

Teníamos la vocación de descubrir milagros
en el sucio testaferro,
improvisar un sepelio

en los mercados de entonces,
disculpe usted, hermano,
hágase a un lado señora,
no vaya a ser golpeado
por este ataúd, pequeño niño.

La felicidad, podría decirse,
era una variación del fuego
que salía de mi boca.
Pero qué poco y falaz
persistió aquel vocablo,
cómo costó irse acostumbrando
a los días tranquilos,
a la fragilidad de las cosas
que se dicen en lo oscuro,
a las manos entrelazadas
bajo una mesa rota a gritos,
al anonimato de los que pasan ebrios
de forma permanente
y a solas bendicen a los otros,
sus eternas palabras incurables.

Me queda de ti
aquella tarde de lluvia en el zócalo,
un llavero en forma de guitarra
y los aromas imposibles
de la redención.

Un día,

haciéndole honor a tu apellido,
haré de ti una huerta,
y sembraré mis ojos
para que puedas ver la noche
ahogándose en el verde.

OCTAVA CARTA (Día Ocho)

A Chavela Vargas

Compartiré tu soledad
para que entre las cosas simples
seas algo simple.

Te llevaré a los arroyos
que se secarán en mi vientre
para que llenes de ecos
las calles sin cesar,
para que vuelvas sobre el promontorio
de los amores perdidos,
para que no vistas jamás
los trajes del escarnio,
para que transites el fuego
en barcazas de hielo
y llegues a la orilla
de todos los otoños.

Dejaré una diatriba contra el tiempo,
tu nombre que no dirán las lápidas,
el viento enajenado de la muerte,
la despedida de un ángel
que cae con las hojas.

Volveremos a esos mismos lugares

donde amamos la vida
y te juro como me llamo Eunice
que besarás el pan de la misericordia;
no aquel pan, cuya harina
fue amasándose en las lágrimas,
no aquella levadura
sumergida en el pensamiento
del humo que no crece,
no los postigos ni las columnas fúnebres
que opacan el aroma de las panaderías,
la esquirla de un amor
soterrado en lo oscuro.

No perdida,
tú no llevarás mi muerte a cuestas
como una guitarra rota entre los sueños.
En mi voz
tendrás el hambre de los recién nacidos,
descubrirás la materia de un árbol
que crece con tu vida,
adivinarás entre las plantas de agave
la canción del orgullo,
la fiesta del coraje,
el guiño que será tu buena suerte.

Chavela, virgen borracha,
ya es hora de partir,
duérmeme en tus manos
como un pozo de agua.

NOVENA CARTA (Día Nueve)

A ALFREDO CARDONA PEÑA

Dicen que ven la luz,
que hay un túnel húmedo
al final de ese viaje,
que se escuchan cánticos
de niños que llevan frutas en sus cabezas,
que después, allá a lo lejos,
se puede ver un prado verde
donde la brisa trae
aroma de rosa y menta.

Dicen que no se pone el sol,
que el espectro del neonato
juega con los dientes del león,
que la serpiente te abraza
con la bondad de una madre,
que las luciérnagas olvidan
cómo era la noche
cuando arribó el cataclismo.

Dicen que es como flotar,
como tener los huesos llenos de oxígeno
y el alma es el barco
que parte en dos
las aguas de la desmemoria.

Que también hay bosques
donde el viento erige su locura
y es difícil diferenciar
lo banal de lo sagrado.

Dicen que todo es ascenso
pero en mi cuerpo todo cae
hacia un ritmo de ojos afiebrados,
y los gusanos materializan
esa nueva orgía
de quien ya se fue
pero no puede irse,
de aquella mujer
la cual ni siquiera es un fantasma,
un rasguño en la pared,
una sirena enclaustrada
en la bañera de un cuarto
desde hace nueve días.
¿Dime Alfredo, por qué me han engañado?
¿Por qué pusieron en mis manos
la fragancia de una flor podrida
y una esquirla de la noche?

Yo quisiera ver
eso que dicen que ven
los que logran ascender
por los carruajes de la transparencia,
los que acercan a la luz
su estrella colmada por el verbo

antes de asirse para siempre
a las sílabas del aire.

DÉCIMA CARTA (Día Diez)

A YOLANDA OREAMUNO

Te buscaré en el valle de los mártires,
bajo la piedra de un ángel
que esconde su vergüenza,
en la desfloración de un alma lúcida
que evade sus rutas para buscar la noche.

Estaré mirándote
en el centro de todo lo que arde,
en una selva oscura,
en los guijarros de las playas,
en la materia perfecta
de lo que nombra el adiós
y se convierte en pájaro
o en el fantasma de un pez
que mueve las aguas transitorias de los sueños.

Ahí estaré esperándote,
incólume hasta la devastación,
con equipajes llenos de tierra volcánica;
en ese mismo bar donde beben los pobres
estaremos gritándote Yolanda,
fervor del alma mía,
como si gritar fuese
un símbolo sagrado,

un revenar de cuerdas malheridas
que se entonan el día de partir.

Un libro será la única patria,
el salvavidas arrojado de noche al cementerio,
el espejo donde uno
empieza a ser su semejante.

Tú traerás un vestido de novia fugitiva,
yo lanzaré los dados
y estaré diez días muerta
hasta que la podredumbre me delate,
hasta que bajen mi cuerpo
por la Calle Río Neva
y el agua se convierta
en una extensión del látigo de Atila,
que no gustó mis versos.

Tú estarás Yolanda, aunque no estés,
en ese raudo funeral
que el tiempo esgrimió para mi suerte;
y en este día de sol de mayo
de mil novecientos setenta y cuatro
serás una flor entrecortada
y puesta en mi féretro,
que se abrirá alguna vez
en las praderas de lo vida lejana,
para contarle al mundo
cómo fue el tiempo

de la vendimia y la desolación,
la historia de una reina
enamorada de su carne,
la vida de su súbdita e igual,
conocida en un pueblo sin nombre
como la hija del agua,
y sus muertes enlazadas por la soledad,
un breve atisbo de luz entre las páginas
de los libros que crecen
en el valle de los mártires.

ORACIÓN DEL AUTOR A LA VIRGEN DEL CAMINO

Madre que habitas el globo sempiterno,
que has encendido tu recuerdo
en el aroma de los clavicordios,
ampárame a esta hermana
que ha muerto y no se ha dado cuenta.
Responde a su nombre común, Eunice Odio,
pero puedes llamarla águila, esgrima,
tarántula, raíz,
cualquier cosa que se aferre
como un eco a la tierra,
a las horas que se inscriben a su luz
con el temor de no ser algo,
de trascender su propio reflejo
de aguas desmadradas.

Considera que no tuvo una vida,
que se fregó las manos de tanto escribir versos,
que la escupieron tus ángeles
en el momento de su más profunda soledad,
que sus amantes, si los tuvo,
no pudieron amarla
más allá de las horas furtivas,
de lo que puede el instante de la carne
eternizar bajo un calor conocido,
una llamada telefónica
que auguraba su fin

desde los continentes vacíos del sexo.

Mira, madre, que esta niña
aprendió a zurcir los pasos de la errancia;
su casa era un cuartucho desolado
donde bebían licor los pájaros en silencio,
donde los libros se humedecían no por lágrimas
sino por una substancia más oscura aún
que no sabemos nombrar.

Ten en cuenta que no tuvo vejez,
que sus pocos amigos
no pudieron salvarla del naufragio,
que no probó las cerezas de la piedad,
ni tuvo jamás un jardín,
ni hijos que le sorbieran la sangre
nutricia y transparente.

Mira que todo en ella era un grito inaudible,
una larga procesión hacia sí misma
y los gusanos inventaron el viacrucis,
crecieron en el agua de la tina
donde cayó varada
como un pez herido en lo profundo
o una sirena impúdica
enamorada de su canto.

Aquí en este umbral
te la dejo, Madre mía;

préstale tu cetro,
dale un lugar
entre las cosas vivas de la remembranza
y has que acepte la luz,
tu luz que nos confía
su tránsito de fuego.

A MANERA DE LÁPIDA

Sobre un sueño, esta piedra.
Sobre esta piedra escrita en fuego turbio
o agua incandescente:

EUNICE ODIO

18 de octubre, 1919 – 23 de mayo, 1974

ABRO LA CERRADURA DE LAS COSAS
Y TODAS SE ME ENTREGAN
INTACTAS Y SALVADAS PARA SIEMPRE

De *El año de la necesidad.*
Ediciones Diputación de Salamanca,
Salamanca (2018).

Premio Internacional de Poesía
Pilar Fernández Labrador 2018

LA BALA

Esto es una bala.
Mírala bien.
Ponla en medio de tus labios.
Puede defenderte o matarte en un segundo.

Cierra los ojos y piensa
en los días que se acaban
como una bandada de águilas ciegas.
Piensa en los ritos ahogados por la luz,
en los besos que fueron dardos en tu infancia,
en la morfología de árboles fantasmas,
en las palabras que no entiende la piedad,
en los dibujos de diesel
que se agrandan en los charcos
como un pequeño Apocalipsis.

Piensa en tu país como en un nido de avispas,
en la casa en la que te tocó vivir, la que no tienes,
en tu trabajo que apenas da para vivir una vida
y no esas otras, las que pasan por tu cabeza
justo después de un accidente.

Piensa en los muchos perros que murieron
a la orilla de la carretera,
en los aviones que miras cruzar de un lado
al otro del cielo, hasta que no los ves

ni los escuchas, porque sabes que algo de ti se ha ido con
ellos.

Piensa en quien espera,
en quien se rompe y cuelga de un árbol
como una fruta que no acaba nunca de caer.
Piensa en tu nombre, borrado de repente
aunque lo vuelvas a escribir en las paredes, en los cristales,
en las esquelas de un mundo que no te pertenece.

Ahí está la lluvia, piensa en ella;
siéntela como un aluvión de peces luminosos,
como una fila de ángeles dormidos
por su propia música.

Aquí está Dios, en tus manos lodosas de repente;
piensa en Él como un anciano, o como un feto
en el vientre de la galaxia umbría
donde mueve sus brazos para decirte algo
que no acabarás de comprender.

Piensa en el trigo que nadie irá a recoger este verano,
en los mundos silentes de la desesperación,
en las puertas que se abren una vez para siempre
y vuelven a cerrarse en un golpe de alas.

Aquí están las fechas del día que naciste
y ese incierto día en el que tienes que partir;
piensa en el tiempo, en el aliento que te queda,

y abre los ojos para sentir aún más
                    esa bala entre tus labios.

Ha llegado la hora.
Al frente tuyo hay un espejo con forma de papel.
Escupe ahora lo que tengas que decir,
hazte fuego,
           hazte herida,
                no lo pienses,
                        dispara.

LA CANDELA

La noche en que se quedó sin luz
por no poder pagarla,
el poeta encendió una candela
y la puso a un lado de su biblioteca.

Sentado ahí, leyó,
garabateó algunos versos
y se quedó dormido por cansancio.

La candela permaneció encendida largo rato
y cayó sobre el papel,
devorando en pocos segundos
lo que tardó por siglos escribirse.

Exiliado de su propia casa hecha cenizas
el poeta se encuentra en la calle
a un viejo enemigo de la escuela
que al mirarlo le pregunta:
   -   *¿Todavía sigues escribiendo poemas?*
Y él, que nada ha tenido ni tendrá,
sin verlo le responde:
Sí, todavía.

APUNTES PARA UNA DEIDAD

Sobre mi lengua hay un caballo.
Cuando todo el mundo ha dormido se levanta
y como el aire, frecuenta los aposentos de mi casa.

No se deja tocar, pero lo escucho vacilante
en el andar del frío, alargándose
como un arpegio de guitarra, ahí,
donde la tinta tiembla en la suave memoria.

Él sabe que las sombras galopan,
que los caballos se pierden en la noche,
que descienden de las estatuas
con la altivez de quien conoce su estirpe,
que no serán materia del olvido
ni del sueño flagelante.

De una cornisa a otra, pueden saltar sin que los mires.
Bajo la luna los oyes relinchar
si sabes que su fuerza proviene de la niebla,
del viento que agita la crin de los presagios,
del camino que se ha hecho
para el trotar de sus cascos.

Los dioses no se atrevieron a tocarlo;
por eso lo dejaron libre en las sabanas,
contemplaron su gloria con un poco de envidia,
y entonces mandaron al hombre para domesticarlo.

Por eso seremos siempre pobres,
quisimos someterlo a la espuela y al látigo,
lo llevamos a morir en batallas que eran nuestras,
y condenamos sus lomos al trasero del Rey
que entró triunfante en la tierra del saqueo.

Y, aun así, humillados,
son tan nobles que pudieron entregarse al llanto por
nosotros;
fueron capaces de llevarnos a casa
cuando nos hiere la flecha del alcohol.
Nos reconocen al silbarles en una estepa oscura
o en una playa irreal de blanca arena.
Hasta pueden hacerse de madera para jugar con niños.

Lo cierto es que no merecemos su perdón.
Unos dicen que los veremos en el cielo
la noche del Apocalipsis;
otros, que surgirán del mar, sedientos, musculosos,
para anunciar la fina metáfora del caos.

A mí lo que me da miedo
es que no vuelva un día mi caballo
y en mi lengua sólo quede
la continuidad de su ceniza.

MEDITACIÓN DEL CUERVO

A veces me persigue un cuervo.
Como a Poe, en su vuelo me dice *nunca más*,
toma mi carne por comida y consecuencia
y justo cuando pienso que se fue
lo miro enfrente,
graznando desde el fondo de un violín,
oteando con sus ojos este fuego.

Hay un cuervo en cada paso de mi vida.
Estuvieron ahí la vez que estuve enfermo,
se colaban en la sed de la morfina,
descansaban en los hombros de las monjas.
Estuvieron ahí cuando creí perderme
y la gente en la ciudad vestía con sus plumas,
brillaban contra el sol y me dejaban ciego.

Vi cuervos arrogantes en la tumba de mi madre
y en lugar de piedras,
sólo pude lanzarles
unas míseras palabras
que devoraron sin dejarlas caer.

Hubo cuervos cuando fui
hasta lo alto de una azotea
y pensé en las posibilidades del vacío.
También cuando fui feliz,
cuando reía hasta partirme el cráneo,

cuando dije amarlo todo
y lo escribí sobre la piedra.
Había un cuervo que rondaba en soledad
y sus garras me robaban la voz.
Ahora sé que no se irá
aunque finja dormir en estas horas altas,
en las que escucho sus latidos
más adentro del sueño.

Este cuervo ha envejecido junto a mí
y ya es tiempo de enterrarlo en la nieve;
abrirme con una tijera el corazón
y sacarlo de esta celda en la que ha estado preso,
donde día tras día compartimos agua y pan.

Juntos cantaremos *nunca más*;
y así la vida cumplirá sus promesas,
y así lo que ahora duele
no habrá dolido en vano.

UNA VOZ EN LAS AFUERAS

A veces quisiera tener una casa para huir de ella.
El hijo pródigo que llevo dentro así lo pide.
Que en el recuerdo no quede piedra sobre piedra
ni la extraña bendición de la tranquilidad.
Que todos nuestros pasos conduzcan a la errancia,
a la fábrica de corazones nómadas
que irá fraguando el tiempo.
Sólo el que se pierde conoce el valor del camino.
Sólo quien se fue de su casa
luchará con dolor por merecerla.

MIENTRAS MIRÁBAMOS UNA FOTOGRAFÍA DE VALLEJO

Partimos de la premisa
de que el poeta es un ser de las sombras.
No como un ángel gótico,
con una flor maldita en los bolsillos,
sino simple y llanamente, de las sombras.

Nadie le dijo que eligiera el fracaso,
ni que se contuviera de reír
en las más raras circunstancias,
pero el poeta acaso fue llamado
a servir de testigo a la infelicidad,
le fueron encomendadas
ciertas dosis de sufrimiento
y unos gastaron su dolor de tal forma
que llegaron, como Pessoa,
a fingir el dolor, para sentirlo.

De nada les sirve la verdad,
ni morder con sus dientes postizos
la cabeza de un fénix.
A los poetas no les va bien
posar para las fotografías;
usualmente salen pálidos o despeinados,
demasiado flacos o demasiado obesos,
y sus ojos de hambre
siempre están mirando hacia otro lado.

Un día me encontré una foto de Vallejo,
estaba haciendo la limpieza anual de vacaciones
y cayó desde una de las estanterías de la biblioteca.
Tú miraste al suelo y la cogiste,
y tomándola de una de las esquinas me dijiste:
entonces es así como terminan los poetas.
No dije nada, la desempolvé
y la volví a guardar entre la página 23 y 24 de Trilce.

Quizás tenías razón.
Es posible que algún día
termine viejo, apoyando mi cabeza en el bastón,
con un par de valijas cuyo adentro ignoro,
esperando el tren
que no ha de llegar a la estación jamás,
sino tal vez a unas pocas palabras
o tachones que se extienden
de un lado al otro de lo que fue mi vida.
Y es que a veces quiero reír, pero me sale mal,
y es que a veces te oigo llegar
desde la habitación
y se convierte en espuma
tu rostro si lo toco.
Me canso de tener un trabajo normal
y que me crean respetable.

Pero volviendo a lo que estábamos;
ah, sí, los poetas son seres de sombras,

y a pesar de sí mismos, un día
tienen la necesidad de iluminarlo todo.
Entonces buscan la tinta,
repletan sus bolsillos con los poemas
que no les dio tiempo de escribir,
se fuman un cigarrillo, lo apagan con la lengua
y así, ante la atenta mirada
de aquellos lectores que aún no tienen
salen hacia la noche sin fin,
convertidos en una gran
                antorcha humana.

GARZAS

Las garzas huyen en dirección al sol al caer la tarde.
Pretenden retenerlo para siempre.
Vuelan en multitudes simultáneas
pues las sombras pronto
cubrirán estas praderas.
Persisten.
No preguntan.
Sólo vuelan y son breves.
Y aunque en su quieto tránsito
todo parece inútil
no me burlo de su ingenuidad.
Si yo fuera una garza
también volaría hacia la luz.

ORQUÍDEA

Me acerco a la orquídea
para aspirar su aroma.
La observo largamente.
¿Tendrá esta flor
la esperanza de vivir
para siempre?
Ayer alguien la cortó
y me la ha obsequiado.
Ella sabe que morirá,
y aun así se queda observándome
y piensa en sus adentros:
a este hombre lo cortaron de raíz,
no durará para siempre.
¿Lo sabrá acaso?

CREER EN LO INVISIBLE

A BYRON ESPINOZA

«Protégeme, Señor, de las religiones».
LASSE SÖEDERBERG

Los ateos son creaturas divinas.
Los hay de muchas formas y colores.
Están los que, por alguna razón,
por lo general odio infundado,
no pueden concebir que un dios les diga
que no pueden amar
más que a una sola muchacha.
Al menos eso le pasó a Gonzalo Rojas,
y le tiró duro a aquel dios
que le imponía monogamia en las orejas
como una rosa triste.

También están los cuánticos.
Los que necesitan la medida exacta del cielo
para creer en él, y se desahucian
cuando un fuego celeste les quema alguna noche
el azorado papel de su ecuación perfecta.

A su vez, están los que creyeron
pero no les dio tiempo de sufrir lo suficiente,
de maltratar al prójimo, de cultivar un vicio,
de negar a una madre y conocer el bajo fondo
de los años perdidos, y murieron así, desangelados,

sin la lenta vocación de lo terrible.

Otros son como el aire que gira
en el reloj de arena: ni ásperos ni leves,
pero hablan siempre de esa mano que da vuelta
cuando el último grano de arena cae
y se preguntan por él, lo miran frágilmente
y le hacen caso al tiempo
que les dice que no es nadie.

Habrá quienes erigen estatuas
al Dios desconocido para escupir su rostro
y llenar de barro el templo
que han llevado en su pecho eternamente.

Quieren borrarlo, sucumbirlo, reinventarlo,
pero sus fuerzas no son suficientes
para crear esa presencia abstracta
donde Su nombre es una puerta entrecerrada
hecha de muchos nombres.

Me provoca una suerte de compasión y gracia
que los ateos se la pasen hablando de Dios;
yo en el fondo he empezado a creer
que no están solos, que no lo estamos,
y que la fe consiste en tener por corazón
un gran bloque de hielo
que permanece intacto,
bajo el más duro sol.

NOTAS AL PIE DE PÁGINA

Me siento a la mesa de trabajo.
Releo ciertos libros, me preparó un té
y trato de bosquejar algunas líneas
para finalizar mi más reciente poemario.

Los temas siguen siendo los mismos
de hace más de veinte siglos:
el amor, la muerte y el paso del tiempo;
lo mucho que cuesta hacer poesía
o el compromiso de ésta en el mundo exterior.

Mi editor dice que va bien,
que con suerte hasta podría ganar
                    un premio literario.
A como está la situación eso sería genial.
La casa necesita una mano de pintura
o quizás con eso podría comprarme
                            una motocicleta.

Sorbo un trago de té,
y guiándome por las líneas
de un poeta poco conocido en un país también desconocido
empiezo los primeros versos de lo que será
el último poema de mi libro.

La fuente de la pluma se desliza con fuerza.
Se me cae de la mano una metáfora.

Trato de mantener el ritmo
como un esquiador que desciende
en la levedad de la nieve.

Todo fluye hasta acabar el texto
y quedo roto en una esquina del estudio
como la sangre que brilla
en el traje de purísima y oro del torero.

Estoy a punto de llamar a mi editor
y escucho gritos, golpes, madrazos,
                              el ruido de una turba.
Justo frente a mi casa
el barrio está linchando
a cuatro tipos que asaltaron
a un taxista informal.

No pasa de los dieciocho años el mayor de ellos.
A uno lo dejaron totalmente desnudo,
su espalda es igual a la de un Cristo.
Otro tiene los ojos hinchados
y con su boca llena de sangre pide que lo perdonen.

La turba no da tregua.
Los otros dos se han guarecido en una casa
donde la policía trata de que salgan
pero el miedo a la gente común les sobrepasa.

Todos miran ahí afuera

y heme aquí, en medio de la calle,
con mi manuscrito y mi taza de té.

La poesía también sabe tomar la justicia por sus propias
manos.

La gente se dispersa, cada quien, a su casa,
y vuelvo a mi mesa de trabajo.
Dejo el teléfono en su lugar
y pienso nuevamente en el poema,
en el *amorlamuerteyelpasodeltiempo*
y en lo mucho que diariamente mentimos los poetas,
esos buitres del papel.

Decido entonces comenzar una vez más,
y esta vez el mundo es real,
como el frío en mi taza de té,
como el miedo que se cuela
en las rendijas de mi casa,
como este temblor en las manos
al tratar de escribir sobre la vida.

LA CASA EDIFICADA

«No tenemos la casa todavía,
tenemos piedras».
EDUARDO LANGAGNE

Tengo treinta años y aún no tengo casa propia.
Quizás sólo este puñado de piedras que se agolpan,
como dedos sobre el vidrio que separa
mi corazón de mi silencio.

He vivido en los suburbios de la fiebre,
saltando de un lado al otro
de algún reloj humeante entre las lluvias
y no he podido encontrar una mañana
el camino hacia el umbral,
la impávida puerta
que pueda en su paciencia recibirme.

Conté los escalones de la errancia
y aunque no venía solo
el viaje se fue colmando de rosas
que abrían hacia adentro;
de puñetazos sobre la negra arteria de la noche,
de galerías de paredes de piel
y retratos que convalecían en el polvo.

Si por mí fuera me quedaría a la intemperie

pero ya tuve un hijo al que legar ni nada,
me nació una esposa en la humedad
que me demandan estrellas y una vida decente,
que me fatigan hacia la autoexploración
y a cantar con marimbas, risas insanas,
aquello que me finja doler o que me duela.

Porque merodeé bastante la locura,
porque le creí a la luz su gloria obscena,
porque tuve que dormir en el baño de un bar,
porque las cuentas no me salen
y vuelvo a contar con algo de esperanza
ayúdame, Señor,
a encontrar un sitio en qué vivirme,
a estrechar mis ligaduras con la tierra,
a sumergirme en el barro de unos ojos tranquilos.

Un puñado de piedras
no es suficiente para edificar la casa.
Tendría que traer mi voz contraria al mar,
comerciar la madera por el fuego,
escupir el cemento de los años gastados,
medir la claridad del día
como una ausencia prodigiosa,
poner estacas en las esquinas de todo lo vivido
y con estas manos empezar,
                    obrero de mí mismo,
a darle forma a esa casa incorpórea
en la que habitan desde ya
                    todos mis muertos.

REFUGIO TEMPORAL

Perdido en la tundra,
en los pantanos, en una isla,
en una montaña cubierta de nieve,
a la sombra de una incierta vastedad,
algo que desconozco se ríe de mi sed,
del miedo a mis depredadores,
de mis ganas de tirarme al río
y tener un pez resbaladizo entre las manos.

Cómo deseara encontrar algún fruto,
       en algún árbol,
           algún animal muerto
que pudiera comerse todavía.

A cada instante me toca ignorar aquella voz,
y tomar la leña seca, la yesca,
frotar una piedra contra otra
hasta que salgan chispas,
morder el fuego
       y descansar
en este refugio temporal
que construí para mi suerte.

Y así vuelvo cada mañana
para que salga el día y hacer lo mismo:
seguir viviendo
bajo un cielo plagado

de belleza y ceniza,

y decirle aquella voz que sigo aquí,

en algún lugar de la vasta intemperie,

y aunque mi cuerpo es frágil,

y vivo a tientas,

y tengo hambre,

su garra no podrá atraparme

                             todavía.

CONVERSACIÓN ENTRE CATRINAS
(Día de Muertos N°2)

Tomo entre mis manos
una pequeña calavera de cerámica,
pintada con flores y hojas
que brillan frente a las veladoras.

Sobre un improvisado altar
están mis muertos.
No soy digno de hablar de ellos por ahora.
Quizás luego cuente algo de lo que fueron sus vidas.

En esta línea debe haber un silencio
que abarque la totalidad de la página;
aun así, escribo
y los rostros aparecen
para beber esta noche, bailar,
comer, fumarse unos cigarrillos
hasta que el amanecer los obligue
a cruzar de nuevo el puente.

Así pasará un año para que vuelvan a hacerlo.
Esperarán su turno, contemplándonos inmóviles
desde una fotografía que va perdiendo consistencia.
La muerte debe ser un lugar solitario
pero, aun así, de vez en cuando, nos da una tregua a todos.

Mientras tanto, me pregunto

porqué querrán visitarme
aquellos bisabuelos que nunca conocí.
¿Querrán decirme algo? ¿Enmendar algo?
Su silencio es ilógico e inútil
como una línea vacía en un poema,
como los ojos huecos
de esta calavera de cerámica
que por momentos veo parpadear.

Pero, a decir verdad, poco me importa.
Supongo que se la pasan de lo lindo, y yo también;
hasta les hablo para no sentirme solo.

Todo se ha convertido
en una especie de juego,
donde un pariente en un futuro lejano
pone mi fotografía en el altar de la familia,
y aunque no me conoce,
me deja comida, cigarrillos y algún trago,
para que baile hasta el amanecer
y vuelva a cruzar un puente
y sienta por un momento el goce
de cuando estuve vivo,
y ya sólo aspirar el aroma de una flor
era una fiesta.

EN DEFENSA DEL ZAPATO

«Barman,
zapatos para todo el mundo
¡Yo pago! ».
CÉSAR YOUNG NÚÑEZ

Cuando se gasten mis zapatos,
cuando mis dedos se asomen por sus orificios
y las plantas de mis pies se sientan
más cerca de la tierra debido a lo débil de las suelas,
no los regalaré ni los echaré a la basura.

Seguiré usándolos como el primer día
hasta que se tornen grises o yo me torne gris,
y lo único reluciente, casi nuevo, sea el camino.

Juro que no enviudarán jamás estos zapatos;
que no envidiaré el brillo de los mocasines
en las tiendas de los centros comerciales.

Perfectos serán para mi paso
como dos perros fieles disecados,
curtidos por el sol y por la lluvia,
compañeros del barro y de los azulejos
donde un pequeño Dios tatuó sus huellas.

¿Acaso Dios no usó también zapatos?
No me lo imagino haciendo sus milagros,

caminando entre los corales de la playa,
                en uno de sus templos,
u orinando junto a mí en el baño del bar
                    con los pies descalzos.
Ciertamente tuvo que haber tenido zapatos
y estaban más gastados y sucios que los míos.

Dicen que para humillarnos
la muerte nos obliga
a entrar descalzos en su reino.
Sin embargo, los hombres más recios que he conocido
murieron con las botas puestas:
Thoreau, Mandela, mi abuelo Mario
que no sabía escribir, pero hablaba en poesía,
pidió que lo enterraran con zapatos.

A veces tengo la seguridad
de que si salgo a la calle en medio de la noche
me lo encontraré caminando y me dirá:
El día que te sientas cansado
        y decidas hacer una casa
                hazla en forma de zapato.

LA PECERA

Contemplo la pecera vacía, sin agua,
con unas cuantas piedras secas de colores
y un naufragio que me remite al mar.

La he escondido en el patio para que mi hijo no la vea.
Jack, su pez beta, ha muerto la semana pasada.
Él mismo lo encontró flotando, y sin llorar
tomó al pez putrefacto y lo lanzó al inodoro.
Al jalar la cadena se despidió de él diciéndole:
> *Adiós Jack, ve al cielo de los peces.*

Luego me dio la pecera y siguió jugando
como si no hubiese pasado nada.
Su frialdad y ecuanimidad me resultan sorprendentes.
La manera en que afrontó esa pequeña muerte
ha sido una enseñanza para mí,
que cada pérdida me pesa igual
sin importar su tamaño;
que a cada tanto me duelen los muertos propios,
los ajenos, los anónimos,
los que nadie despedirá antes de ser sumergidos
en un océano calmo o en el enjambre verde de la tierra.

La pecera permanecerá vacía en algún rincón del patio,
sus piedras secas, casi vivas.
Su naufragio me recordará algo
que no recuerdo ahora,

y los peces seguirán poblando el cielo
como nubes barrocas e intocables.

EL DESVÁN CELESTE

Supongamos que muero y que te mueres.
Y nos vamos por azar a algún desván celeste.
E intentamos hablar y no sabemos cómo.
E inventamos sílabas, fonemas, palabras
para poder nombrar lo que nombramos.
Y no es igual si decimos océano, herida, jacaranda.
Y, aun así, te entiendo y tú me entiendes.
Y en un instante volvemos a vivir.
Y el Lenguaje ya no nos pertenece.
Y las palabras vuelan a nuestro alrededor,
indecibles como ángeles o insectos.
Y al vernos, ninguno de los dos recuerda
el nombre del otro.
Y el tiempo edifica un monumento a las palabras caídas.
Y pasamos sin hablar al toparnos por un nuevo azar
en cualquier resquicio de la vida continua.
Y al intentar decir lo que hemos visto
nos perdemos de nuevo en aquél desván celeste,
donde de pronto ya no hay muerte, ni heridas,
ni jacarandas, ni supongos, ni Lenguaje.

ACERCA DEL AUTOR

JUAN CARLOS OLIVAS (Turrialba, Costa Rica, 1986). Estudió Enseñanza del Inglés en la Universidad de Costa Rica (UCR). Se desempeña como docente. Ha publicado los poemarios *La Sed que nos Llama* (Editorial Universidad Estatal a Distancia; 2009) ; *Bitácora de los hechos consumados* (Editorial Universidad Estatal a Distancia; 2011) por el cual obtuvo el Premio Nacional Aquileo J. Echeverría de poesía 2011 y el Premio Academia Costarricense de la Lengua 2012; *Mientras arden las cumbres* (Editorial Universidad Nacional; 2012), libro que le valió al autor el Premio de Poesía UNA-Palabra 2011, *El señor Pound* (Editorial Universidad Estatal a Distancia, 2015; Instituto Nicaragüense de Cultura, Nicaragua, 2015) acreedor del Premio Internacional de Poesía Rubén Darío 2013, *Los seres desterrados* (Uruk Editores; 2014), *Autorretrato de un hombre invisible (Antología Personal)* (Editorial EquiZZero, El Salvador; 2015), *El Manuscrito* (Editorial Costa Rica; 2016) Premio de Poesía Eunice Odio 2016, *En honor del delirio* (El Ángel Editor; 2017) Premio Internacional de Poesía Paralelo Cero 2017 en Ecuador, *La Hija del Agua* (Amargord Ediciones; Madrid, 2018) y *El año de la necesidad* (Ediciones Diputación de Salamanca; Salamanca, 2018) Premio Internacional de Poesía Pilar Fernández Labrador 2018.

ÍNDICE

Colección
MUSEO SALVAJE
(Homenaje a Olga Orozco)

Colección
SOBREVIVO
(Homenaje a Claribel Alegría)

1
#@nicaragüita
María Palitachi

◆◆◆

Colección
EL TRÁNSITO DE FUEGO
(Homenaje a Eunice Odio)

1
41 meses en pausa
Rebeca Bolaños

2
La infancia es una película de culto
Dennis Ávila

◆◆◆

Colección
LABIOS EN LLAMAS
(Homenaje a Lydia Dávila)

1
Fiesta equivocada
Lucía Carvalho

2
Entropías
Byron Ramírez Agüero

Este libro se terminó de imprimir en el mes de junio
de 2018 en los Estados Unidos de Améric

www.ingramcontent.com/pod-product-compliance
Lightning Source LLC
Chambersburg PA
CBHW031532040426
42445CB00010B/501